Dies ist das Trainingsbuch von:

Bitte respektiere die Privatsphäre des Besitzers und blättere nicht im Buch, wenn es nicht Dir gehört! Danke.

Non-IT SCRUM

Das Begleitbuch zum Training

Ansgar Wimmer

Vorwort...

Eine Bedienungsanleitung für dieses Buch

Braucht ein Begleitheft für ein Training wirklich ein Vorwort? Nein. Aber dieser Leitfaden am Anfang soll eine Hilfe dafür sein, wie Du dieses Buch am besten während und nach dem Training verwendest.

Grundsätzlich ist es ein *Begleit*buch. Das heißt, die eigentlichen Inhalte passieren im Training. Wichtig ist die Betonung auf dem Wort Training. Es handelt sich dabei nicht um eine Schulung, in der frontal die Inhalte vermittelt werden, sondern um ein Training, in dem von Anfang an geübt wird, was gelernt werden soll. Daher hat dieses Buch gleich drei Funktionen. Es soll die einzelnen Übungen unterstützen, die Ergebnisse so gut wie möglich dokumentieren und als Nachschlagewerk nach dem Training dienen.

Die Seiten sind so aufgebaut, dass man klar erkennen kann, wann Spielregeln erklärt werden, wo etwas hineingeschrieben oder geklebt werden soll und wann theoretische Inhalte noch einmal zusammengefasst werden.

Gerade der zweite Punkt „Hineinschreiben oder Kleben" stellt einige Teilnehmer vor eine Herausforderung. *Ich soll in das Buch schreiben? Oder gar malen?* Ja! Unbedingt. Dieses Buch ist explizit dafür gemacht. Für diejenigen, denen es schwerfällt, handschriftliche Anmerkungen in ein Buch zu schreiben und die gerne einen nicht kommentierten Text haben möchten, der Hinweis, es gibt auch das Textbuch zu kaufen.

Ein wichtiger Punkt zum Umfang des Buches. Dieses Buch hat mehr Inhalte und Übungen, als in der Regel im Training durchgenommen werden können. Das hängt mit der Dynamik der Gruppe und der Dauer des Trainings zusammen. Einige Gruppen benötigen mehr Zeit für bestimmte Aspekte, wodurch sich die Zeit, die für andere Aspekte verwendet werden könnte, entsprechend verkürzt. Das hat zur Folge, dass nicht immer alle Übungen durchgeführt werden. Du kannst aber die theoretischen Zusammenfassungen nachlesen oder bei Bedarf nachschlagen.

Zum Schluss noch ein paar Sätze zum theoretischen Inhalt „Non-IT". Dieses Training versucht die Inhalte, Konzepte und die Philosophie von agilem Projektmanagement mit einem klaren Fokus auf Scrum zu vermitteln. Das heißt, sehr vieles kann man so auch in jedem *normalen* Scrum-Training wiederfinden. Der entscheidende Unterschied zwischen einem Scrum Ansatz in einem geschlossenen System, wie zum Beispiel der Programmierung, und einem offenen, Non-IT Umfeld liegt in der Autonomie des (Entwicklungs-) Teams. Der Scrum Ansatz legt sehr großen Wert darauf, dass ein Team in der Lage ist, alle Aufgaben komplett selbstständig, also autonom, zu bearbeiten. Das trifft leider auf viele Bereiche außerhalb der Programmierung nicht zu. Am ehesten gelingt dies im Bildungsumfeld, in dem sich die Lernenden in einem ähnlich geschlossenen Umfeld befinden. Es wundert daher auch nicht, dass es mittlerweile zahlreiche Feldversuche gibt, Scrum Methoden in der Bildung einzusetzen. Im Projektgeschäft hingegen, in dem oft zahlreiche Schnittstellen nach außen bestehen (unabhängig davon, ob ins eigene Unternehmen oder zu Dritten) und sich zeitliche Zusagen nicht mit den Zyklen des Teams decken und die deswegen in der Regel nicht zuverlässig sind, bedarf es einiger wesentlicher Anpassungen.

Darauf versucht dieses Training vorzubereiten. Letztlich bleibt es aber an dem Teammitgliedern, zu zeigen, wie agil sie in einem offenen System tatsächlich arbeiten können und wollen.

Viel Freude und Erfolg dabei wünscht

Ansgar WIMMER

Teil 1

Übungen und theoretische Hinweise

Theorie: Scrum Framework

Säulen und Werte des SCRUM Frameworks

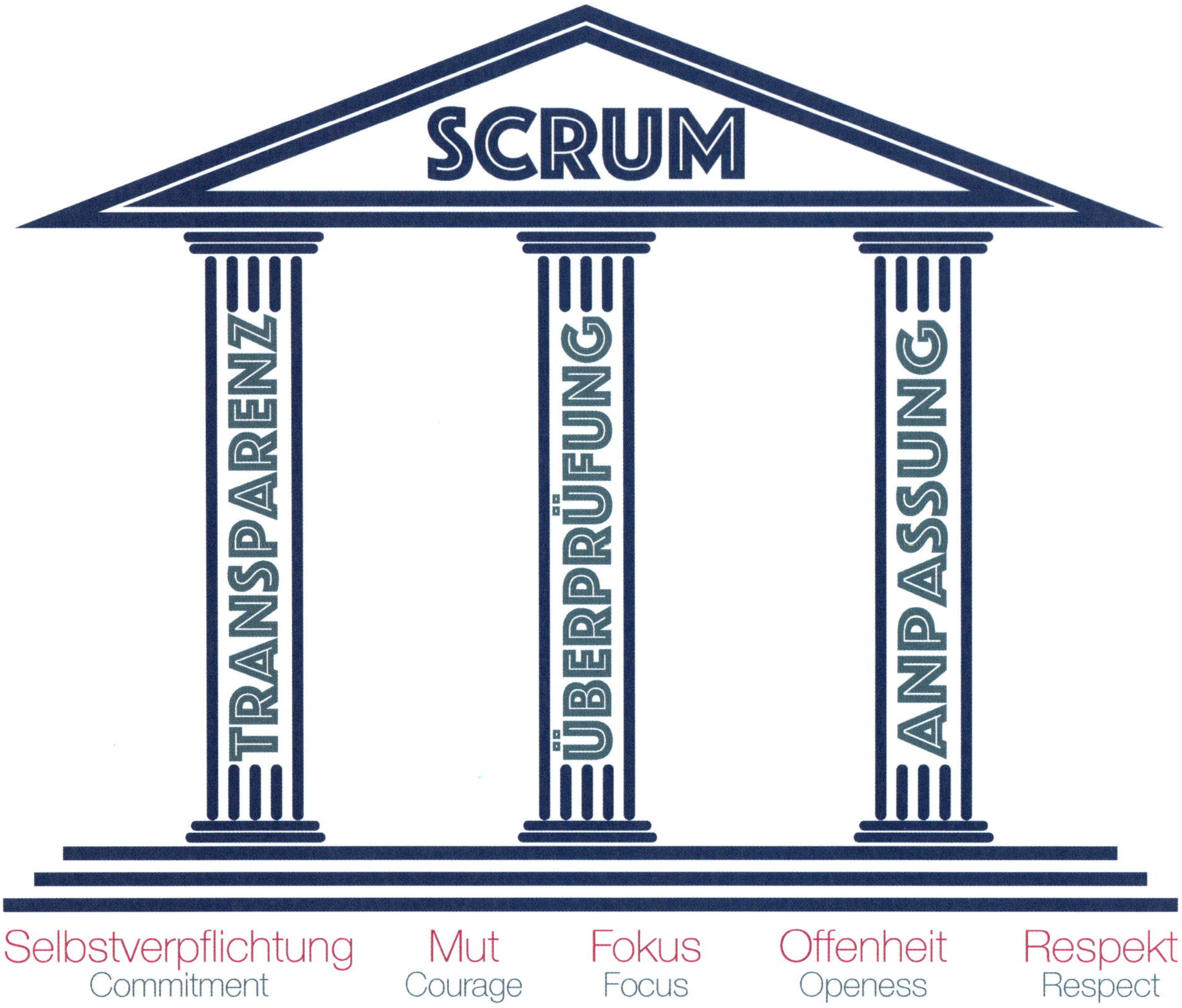

Scrum ist ein Framework - oder technisch auf Deutsch ein *Vorgehensmodell* für Projekte - das zahlreiche Praktiken und Annahmen vereint und zu *Rollen*, *Meetings* und *Artefakten* zusammenführt. Das Scrum Framework wird getragen von zentralen Säulen und zugrundeliegenden Werten, die immer wieder in den einzelnen Teilaspekten ihren Ausdruck finden.

Die drei Säulen von Scrum sind *Transparenz*, *Überprüfung* und *Anpassung*. Ohne diese drei Voraussetzungen funktioniert Scrum nicht. Im Laufe des Trainings werden wir immer wieder sehen, an welchen Stellen die drei Säulen zum Vorschein kommen. Stark vereinfacht geht es darum, Arbeit transparent zu gestalten, immer wieder zu überprüfen, ob sie zielführend ist und sie notfalls anzupassen. So können in einem von Unsicherheit geprägten Projektumfeld schnelle Ergebnisse produziert werden. Selbst wechselnde Projekt-Anforderungen stehen dann zeitnahen Lösungen und Erfolgen nicht mehr im Wege.

Die zugrundeliegenden Werte von Scrum sind: *Selbstverpflichtung, Mut, Fokus, Offenheit und Respekt*, denen wir im Training immer begegnen werden. Ebenfalls sehr stark vereinfacht könnte man es so zusammenfassen, dass ein Projekt-Team sich selbst verpflichtet, bestimmte Projektziele zu erreichen, mutig ist, dafür neue Wege auszuprobieren, fokussiert an einzelnen Themen arbeitet, seine Arbeit offen präsentieren kann und in respektvollem Umgang miteinander und innerhalb des Unternehmens an konstruktiven Lösungen arbeiten darf.

Ping Pong Game

Wie viele Bälle bekommt Ihr von einer Kiste in die andere?

Die Regeln für diese Übung sind einfach. Vor Euch stehen zwei Kisten. In der einen Kiste sind Ping Pong Bälle. Die andere Kiste ist leer. Eure Aufgabe ist es, innerhalb von einer Minute so viele Bälle wie möglich von der vollen Kiste in die leere Kiste zu bekommen. Dabei muss jeder aus dem Team jeden Ball einmal berührt haben, bevor er in die andere Kiste darf. Passiert das nicht, kommen alle Bälle zurück in die erste Kiste und Ihr müsst von vorne anfangen. Gleiches gilt beim Herunterfallen. Fällt einer der Bälle auf den Boden, müssen alle Bälle zurück in die erste Kiste. Es sind keine Hilfsmittel erlaubt!
Einer aus Eurem Team ist Time-Keeper. Er ist derjenige, der nur auf die Zeit achtet, die Ergebnisse auf einem Flipchart festhält und am Spiel selbst nicht teilnimmt.

Vom zeitlichen Ablauf her habt Ihr:

- 1 Minute, um zu planen, wie Ihr die Bälle von einer Kiste in die andere bekommen wollt
- 1 Minute, um eine Schätzung abzugeben, wie viele Bälle Ihr schaffen werdet
- 1 Minute, um die Bälle dann tatsächlich von einer Kiste in die andere zu bringen
- 1 Minute, um zu reflektieren, was funktioniert hat oder auch nicht

	Geplante Menge	Realisierte Menge	Änderungen nächstes Mal
Erster Durchlauf:			
Zweiter Durchlauf:			
Dritter Durchlauf:			
Vierter Durchlauf:			
Fünfter Durchlauf:			

Meine Beobachtungen:

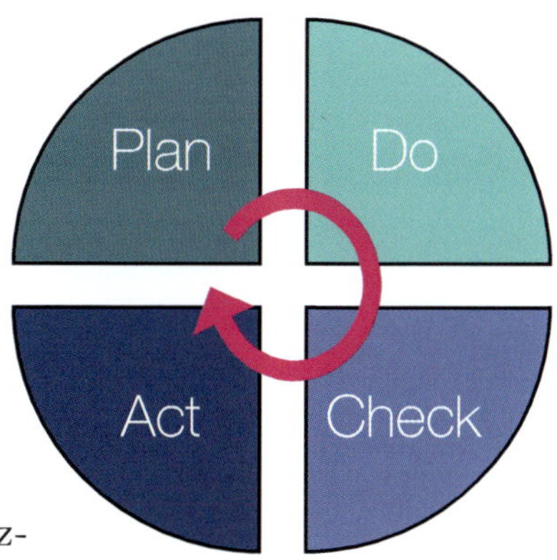

Ziel der Übung ist es, den PDCA Circle oder auch Deming-Kreis zu erleben und zu verstehen. PDCA steht für *Plan, Do, Check, Act.*
Deming-Kreis heißt er, weil er auf die Arbeit der beiden amerikanischen Wissenschaftler *Walter Andrew Shewhart* und *William Edwards Deming* zurückgeht. Letzterer hat die Idee von Shewhart weitergeführt und schließlich zum PDCA Circle entwickelt. Der PDCA Circle ist die Grundlage für den kontinuierlichen Verbesserungsprozess beziehungsweise den Kaizen Prozess, der tief in der Philosophie von Scrum verankert ist.

Theorie: Kaizen/Continuous Improvement

Das Herzstück von Scrum: der kontinuierliche Verbesserungsprozess

Wenn man erfahrene Scrum-Master und Team-Mitglieder fragt, was das wichtigste Element bei Scrum ist, wird man sehr unterschiedliche Antworten bekommen. Trotzdem wird schnell klar, dass die ständige Selbstkontrolle einen wichtigen Teil ausmacht.

Iteratives Arbeiten

Scrum-Projekte werden immer in exakt gleich lange Phasen unterteilt, meist zwischen zwei und vier Wochen. Am Ende jeder Projektphase stehen zwei wesentliche Fragen: Tun wir immer noch das Richtige oder sollten wir anders vorgehen? Das ist die Frage nach dem Was. Diese Frage führt allerdings nur mittelbar zu einer Verbesserung. Wir können durch sie unnötige Arbeit verhindern.

Die zweite Frage ist die Frage nach dem Wie. Wie können wir besser, effizienter, mit mehr Spaß am Projekt arbeiten? Hier geht es direkt darum, den Arbeitsprozess zu verbessern.

Das funktioniert deswegen besonders gut, weil die Projektphasen gleich lang sind. So kann man relativ einfach die Phasen miteinander vergleichen, auch wenn sie nicht identisch sind. Feiertage, Urlaube, Krankheit etc. erzeugen zum Beispiel immer noch große Unterschiede. Dennoch fällt es uns intuitiv leichter, zwei Phasen, die zwei Wochen lang sind, miteinander zu vergleichen als zum Beispiel eine vierwöchige und eine siebenwöchige Phase.

Wichtige Voraussetzungen für eine Verbesserung sind die Bereitschaft des Teams, an sich zu arbeiten, und seine Fähigkeit, wertschätzend und konstruktiv Kritik zu üben.

Kaizen

Diesen Ansatz der kontinuierlichen Verbesserung haben die Väter von Scrum, *Ken Schwaber* und *Jeff Sutherland* bei dem Management Modell von Toyota aus der Nachkriegszeit gefunden. Ein zentrales Instrument dort ist *Kaizen*. Wörtlich übersetzt etwa „Wandel Gut". Tatsächlich steht hinter dem Begriff eine komplette Philosophie, die im Kern davon ausgeht, dass sich die Welt in einem beständigen Wandel befindet. Eine kontinuierliche Verbesserung führt daher nicht zu einem endgültigem Optimum, sondern ist zwingend notwendig, um im Wandel überhaupt zu bestehen.

Bei dieser Philosophie von Toyota spielt der Mitarbeiter, bzw. spielen die Teams eine wesentliche Rolle. Dieser Teil hat Scrum maßgeblich geprägt und zu einigen festen Bestandteilen geführt.

Kaizen und Scrum

Am offensichtlichsten tritt der Einfluss in der Retrospektive auf. Das ist ein Meeting, das immer zum Ende eines Sprints abgehalten wird und in dem das Team seine Zusammenarbeit reflektiert. Der Fokus liegt hier klar auf der Verbesserung. Und zwar so konkret wie möglich und an eindeutigen Fragen orientiert:

- Was will das Team anders machen?
- Wie will das Team die Verbesserung überprüfen?
- Woran kann man merken, dass die Verbesserung funktioniert oder nicht funktioniert?
- Was wird sich durch die Verbesserung ändern?
- Wer ist für die Umsetzung der Verbesserung verantwortlich?

Das Daily Scrum Meeting ist ein zweites Meeting, das von Kaizen geprägt ist. Jeden Tag werden die Teammitglieder unter anderem gefragt, auf welche Hindernisse sie bei ihrer Arbeit gestoßen sind. Das zeigt konsequent auf, welche Veränderungen notwendig sind, damit sich das Team verbessern kann.

Ein etwas ungewöhnlicher Vorschlag kommt von *Jeff Sutherland* selbst. Er misst mit einem *Happiness Index* die Zufriedenheit im Team. Fällt dieser merklich, ist klar, dass etwas geändert werden muss oder dass eine aktuelle Entwicklung dem Team schadet. Nur so kann die Zufriedenheit im Team - aus Sicht von *Jeff Sutherland* einer der wichtigsten Motivatoren - nachhaltig sichergestellt werden.

Learnings

Was habe ich beobachtet? Was habe ich gelernt?

Nach den Übungen bekommt Ihr in der Regel Zeit, um in der Gruppe oder in Einzelarbeit zu reflektieren, was da eben passiert ist. In letzterem Fall geht es darum, die wichtigsten Punkte für sich zu notieren und diese der Gruppe vorzustellen.
Die Leitfragen dabei sind:

- Was fand ich bemerkenswert?
- Was ist mir aufgefallen?
- Was hat mich überrascht?
- Was habe ich schon immer gewusst?

Beispiele für mögliche Ansätze sind folgende Fragen::

- Hast Du das Gefühl gehabt, dass die Zeit ausreichend war?
- Seid Ihr im Verlaufe der Durchläufe besser geworden? Wenn ja, woran hat das gelegen?
- Gab es jemanden, der die Leitung übernommen hat? Wenn ja, wie hat sich das angefühlt? War das in Ordnung? Wenn nicht, wieso seid Ihr dann zu dem Ergebnis gekommen, das Ihr am Ende hattet?

Bitte notiere die wichtigsten Punkte auf PostIts und bringe sie mit in die Runde. Wir werden alle Punkte vorstellen und schauen, ob es anderen auch so ergangen ist.

Theorie: Erlebte Scrum Elemente

Was wir in der ersten Übung schon alles kennengelernt haben

Erlebte Elemente

Bereits die erste Übung hat es ganz schön in sich gehabt. Viele Elemente, die zum Kern von Scrum gehören, waren darin enthalten. Dazu gehören:

Sprint

Die Aufteilung der Arbeit in die Phasen:

- Vorbereitung / Planung der Arbeit, genannt *Sprint Planning*
- Schätzung des Ergebnisses, unter anderem auch Teil des *Sprint Planning,*
- der Arbeitsgang an und für sich,
- die Präsentation der Ergebnisse (in unserem Fall das Zählen der Bälle und Notieren der Zahl auf dem Flip Chart), *Review* genannt und
- die Diskussion darüber, was man besser machen könnte, die *Retrospektive*

Dies sind zentrale Bestandteile von Scrum. Wir werden sie im weiteren Verlauf des Trainings noch intensiver kennenlernen.

Kaizen

Nach jeder Projektphase (*Sprint*) schaut das Team, was gut oder schlecht gelaufen ist und was es für die nächste Phase verbessern möchte. Dadurch sind teilweise drastische Leistungssteigerungen möglich.

Time Boxing

Scrum kennt nur feste Zeitfenster, im Englischen *Time Boxes*. In der Übung waren es nur Minuten. Im normalen Scrum Umfeld dauert ein Sprint meist zwischen zwei und vier Wochen. Wichtig dabei ist vor allem, dass die Dauer immer(!) gleich bleibt. Ansonsten wird es schwer festzustellen, ob man sich beim nächsten Mal verbessert hat oder nicht.

Auch Meetings haben in der Scrum Philosophie immer eine feste Länge. Das Sprint Planning genauso wie der Review, die Retrospektive oder das tägliche Stand Up.

Das erfordert Disziplin. Insbesondere, wenn man es gewohnt war, Dinge aufschieben zu können. Genau das lässt Scrum nicht mehr zu.

Retrospektive

Am Ende einer Projektphase auf das Geschaffte zu schauen und sich zu überlegen, was man besser machen kann, das ist die *Retrospektive*. Es ist das einzige Meeting, an dem keine Externen teilnehmen dürfen, weil es hier auch um das Miteinander geht. War die Atmosphäre zwischendurch schlecht? Dann ist jetzt der Zeitpunkt, um es anzusprechen und konstruktiv nach Lösungen zu suchen. Das Wichtigste in der Retrospektive ist, dass man die Verbesserung in irgendeiner Art und Weise messbar macht. Denn nach dem nächsten Sprint wird geschaut, ob man es geschafft hat oder ob nach einem anderen Weg gesucht werden muss.

Autonomes Arbeiten

In der Übung gab es keinen Projektleiter, keinen Chef, keinen Vorgesetzten und dennoch habt Ihr die Aufgabe erfolgreich bearbeiten können. Das entspricht voll und ganz der Scrum Idee. Ein Scrum-Team arbeitet immer autonom. Es bekommt keine Vorgaben, wie es die Aufgaben zu lösen hat. Es gibt keinen festgeschriebenen Weg (abgesehen von Gesetzen und Richtlinien).

Diese Regel ist besonders wichtig. Nichts motiviert ein Team mehr als die Eigenverantwortung. Dazu gehört auch, dass es voll hinter dem erzielten Ergebnis steht. Aber das tut ein Scrum Team eh immer mit vollem Einsatz und großer Begeisterung...

Name Game

Wie Henrik Kniberg herausfand, wie schwierig Namen sind

Diese Übung wurde von Henrik Kniberg entwickelt und wird heute in vielen Bereichen eingesetzt. Um den Sinn der Übung nicht vorweg zu nehmen, gibt es hier nur ein paar wenige Anweisungen vorweg. Auf der Rückseite findest Du die theoretischen Überlegungen dazu. Damit Dir die Übung Spaß macht, ließ bitte *auf keinen Fall* die Theorie vor der Übung.

Was benötigen wir für das Name Game?

- 5 *Kunden* mit einem fiktiven, neuen Vornamen. Der Name sollte nicht zu kompliziert sein. Nur Peter und Paul wären allerdings auch langweilig...
- ein tapferes Team-Mitglied
- 5 Karteikarten
- einen Tisch und eine Stoppuhr

Erster Durchlauf

	10s	20s	30s	40s	50s	60s	70s	80s
Name 1:								
Name 2:								
Name 3:								
Name 4:								
Name 5:								

Zweiter Durchlauf

	10s	20s	30s	40s	50s	60s	70s	80s
Name 1:								
Name 2:								
Name 3:								
Name 4:								
Name 5:								

Theorie: Die Kardinalsünde Multitasking

Scrum kennt wenig Sünden, aber Multitasking ist auf jeden Fall eine

Multitasking

Die Übung sollte Euch klar aufgezeigt haben, wie sehr Multitasking unsere Arbeitsleistung belastet. Dabei müssen wir zwischen zwei wesentlichen Punkten unterscheiden:

- Switching Costs bzw. Task Switching und
- Little's Law

Switching Costs

Die Summe der Aufgaben ist größer als ihre Einzelteile. Wir kennen das alle aus komplizierteren Aufgaben. Wer zum Beispiel schon einmal seine Steuererklärung selbst gemacht hat und dabei unterbrochen wurde, kann das gut nachvollziehen. Lässt man die Aufgabe einen Tag lang liegen, muss man sich am nächsten Tag erst wieder mühsam in die Steuererklärung einarbeiten.

- *Wo war ich stehengeblieben?*
- *Was wollte ich da noch nachschauen?*
- *Ach, da fehlte mir ja noch ein Beleg. Den hatte ich doch irgendwo abgelegt...*

Je mehr Aufgaben es werden, die man gleichzeitig versucht zu erledigen, umso größer wird der Aufwand, sich wieder in die Aufgabe einzufinden, da der zeitliche Abstand und die Belastungen immer größer werden.

Little's Law

Selbst wenn man die Switching Cost außer Acht lässt, greift immer noch Little's Law. Grob vereinfacht sagt es aus: Wenn ich drei Aufgaben gleichzeitig anfange, die einzeln jeweils 10 Minuten dauern würden, habe ich alles erst nach 30 Minuten fertig. Einzeln betrachtet hat es also drei Mal länger gedauert eine Aufgabe zu bearbeiten als es nötig gewesen wäre. Auch wenn ich dafür alle drei Aufgaben gleichzeitig beendet habe. Stünde jede Aufgabe für einen Kunden, so hätten alle 30 Minuten warten müssen. In einer sequentiellen Abfolge hätte ein Kunde nur 10, der zweite Kunde 20 und nur der dritte Kunde 30 Minuten gewartet.

Das kann z.B. in der Außenwirkung fatal sein, wenn mein Kunde denkt, dass wir deutlich langsamer im Vergleich zur Konkurrenz sind, die für die gleiche Aufgabe wesentlich weniger Zeit benötigt hat.

Die Lösung

Das WIP-Limit (Work in Progress Limit). Das WIP-Limit gibt an, wie viele Arbeiten, Aufgaben, Projekte man gleichzeitig bearbeitet. Dabei gilt, je weniger auf einmal, desto effizienter. Allerdings ist ein Projekt alleine manchmal nicht effizient. Erfahrungsgemäß wird es in dem Projekt Phasen geben, in denen man selbst nicht produktiv sein kann, weil man zum Beispiel auf die Zulieferung aus einer anderen Abteilung wartet. In diesem Fall würde man die Zeit nicht nutzen können. Daher ist es sinnvoll ein oder vielleicht auch zwei weitere Projekte in Bearbeitung zu haben, um diese Lücken zu füllen. In der Scrum Philosophie gibt es diesen Zustand nicht. Eine zentrale Anforderungen an ein Scrum-Team ist, dass es alle Aufgaben selbstständig erledigen kann. Das ist in einem geschlossenen Umfeld, wie etwa der Programmierung oder Bildung möglich, in einem offenen Umfeld lässt sich diese Forderung in der Regel jedoch nicht erfüllen. Natürlich sollte das Team so viele Kompetenzen wie möglich mitbringen, aber in bestimmten Konstellationen macht es keinen Sinn, alle Kompetenzen ins Team zu holen.

Vorsicht Falle!

Multitasking meint aber nicht nur das Arbeiten an mehreren Projekten gleichzeitig. Auch andere Ablenkungen können uns massiv aus der Arbeit reißen. Dazu gehören vor allem:

- Das Handy inkl. Twitter, Facebook, WhatsApp,...
- Emails
- Kollegen, die kurz mal eine Frage haben
- Der Chef, der eine Korrektur haben will

Es braucht schon eine gehörige Portion Mut, Kollegen und Chefs abzuweisen und auf später zu vertrösten. Aber genau das hilft uns, effizienter zu werden.

Um Kollegen und Chefs mit dieser Vorgehensweise nicht zu verärgern, setzt Scrum so stark auf Transparenz. Je transparenter eine Projektstruktur und deren Arbeit ist, desto weniger kommen Fragen von außen auf, die einen in der Arbeit unterbrechen.

Kompliziert und komplex

Warum einige Dinge zum Glück nur kompliziert sind

Um zu verstehen, für welche Art von Projekten Scrum am besten geeignet ist, müssen wir erst einmal den Unterschied zwischen komplex und kompliziert verstehen. Dabei geht es nicht um eine wissenschaftlich fundierte Definition, sondern um ein praxisnahes Verständnis. In der Programmierung ist die Stacey Matrix ein gängiges Mittel, um zwischen den beiden Begriffen zu unterscheiden. Wir wollen daher eine leicht modifizierte Variante verwenden. Diese teilt sich auf in *Was* soll in dem Projekt erreicht werden und *Wie* soll dies geschehen. Abhängig davon, wie klar das Was und das Wie definiert sind und wie einig sich die Projektteilnehmer bzgl. der beiden Fragen sind, ist ein Projekt einfach, kompliziert, komplex oder reines Chaos.

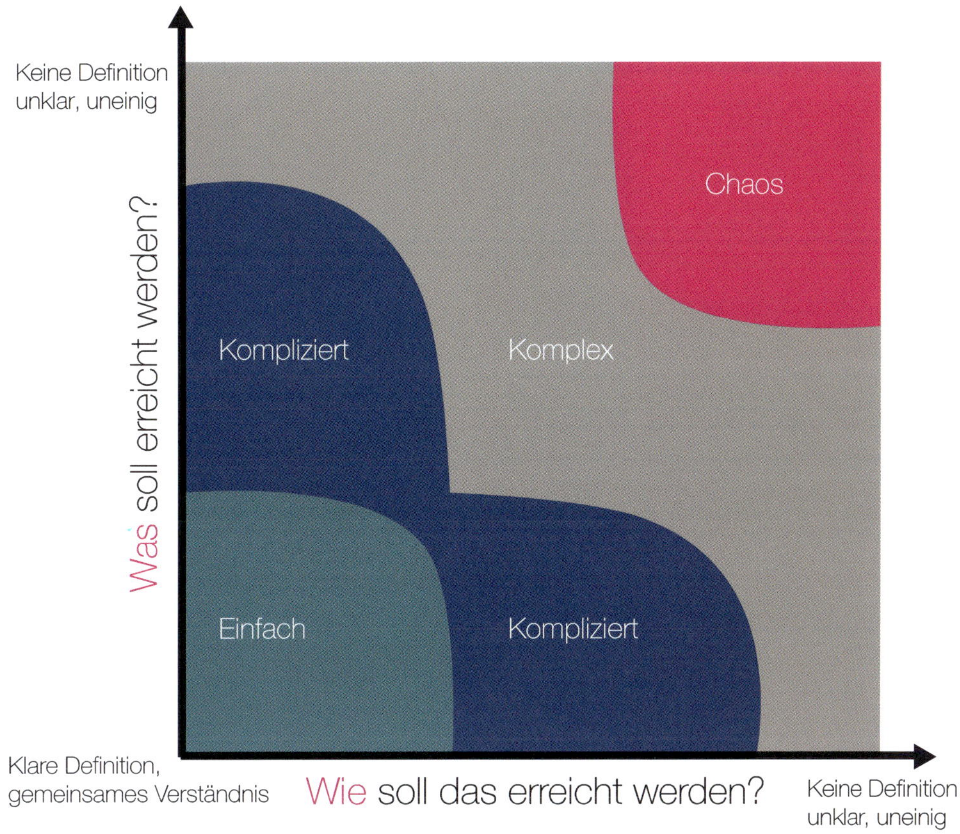

Um die Unterscheidung zu üben, gibt es hier vier (private) Projekte, anhand derer Du einordnen kannst, um welche Art von Projekt es sich handelt. Natürlich sind die Beispiele sehr plakativ. Es geht aber darum, ein Gefühl dafür zu entwickeln, worin der Unterschied zwischen den beiden Dimensionen besteht.

	Was soll erreicht werden?	Wie soll es erreicht werden?
Urlaub beantragen:		
Steuererklärung abgeben:		
Kleidung für die Motto Party:		
Altersvorsorge sichern:		

Theorie: Stacey Matrix und Cynefin

Von der Wissenschaft in den Projekt-Alltag

Der Ursprung der Stacey Matrix

Die Stacey Matrix stammt ursprünglich von Prof. Ralph Douglas Stacey, der im Rahmen der Organisationstheorie ein Tool für die Wahl der richtigen Form der Entscheidungsfindung anbieten wollte. Mittlerweile wurde sie häufig angepasst, uminterpretiert und in anderen Zusammenhängen als den ursprünglichen verwendet. Wissenschaftlich sind solche starken Vereinfachungen in der Regel wenig belastbar, aber aufgrund ihrer Eingängigkeit meist ausgesprochen populär (wie z.B. auch die BCG Matrix).

Verwendung in der Programmierung

Im Bereich der Programmierung wird die Stacey Matrix häufig und gerne verwendet. Die Dimensionen sind in diesem Fall (in den meisten Darstellungen):

- *Requirements*, also die Anforderungen an die Software mit den Polen *known* und *unknown*, also bekannt und unbekannt, auf der Y-Achse und
- *Technology*, also die zu verwendende Programmiersprache oder Anwendungen, ebenfalls mit *known* bis *unknown* auf der X-Achse.

Daraus ergeben sich dann die vier Bereiche *Einfach, Kompliziert, Komplex* und *Chaos*. Im Original wird zwar der Bereich *Kompliziert* nochmals unterteilt, aber für unsere Unterscheidung reichen diese vier.

Je nachdem in welchem Bereich sich das Projekt wiederfindet, empfiehlt es sich, einen entsprechenden Projektansatz zu wählen. Im einfachen Bereich sollte entweder mit den traditionellen Waterfall Methoden gearbeitet werden oder - wenn es agil sein soll - mit einem Kanban Ansatz aus der Softwareentwicklung. Bereits bei komplizierten Projekten stellt sich die Frage, ob man sich mit Hilfe wie z.B. externen Ressourcen zurück in einen einfachen Bereich bewegen kann, oder doch gleich mit agilen Projektmethoden arbeitet. Spätestens aber im komplexen Bereich ist es ratsam, agil zu arbeiten.

Einfach, kompliziert, komplex: das Cynefin Framework

Es gibt ein zweites wissenschaftliches Framework, das ebenfalls mit den Domänen *Einfach, Kompliziert, Komplex* und *Chaos* arbeitet: das Cynefin Framework. Es kennt noch eine fünfte Domäne (Disorder), die nicht in der Stacey Matrix vorkommt. Die bekannten Domänen werden im Cynefin Framework wie folgt beschrieben:

Einfach:

- wiederholbare Muster und eindeutige Ereignisse,
- klare Ursachen und Wirkungen,
- klare Beziehungen,
- es gibt richtige Antworten.

Vorgehensweise: *Best Practice* - Erkenne, beurteile, reagiere.

Kompliziert:

- das System ist vorhersehbar,
- Ursachen und Wirkungen sind vorhanden, aber nicht für jeden ersichtlich,
- Expertenrat ist nötig, aber
- es gibt mehr als eine richtige Antwort

Vorgehensweise: *Good Practice* - Erkenne, analysiere, reagiere.

Komplex:

- alles ist im Fluss und nicht vorhersehbar,
- keine richtigen Antworten,
- etliche Unbekannte,
- erkennbare Orientierungsmuster,
- viele konkurrierende Ideen,
- kreative und innovative Ansätze sind nötig

Vorgehensweise: *Emergent Practice* - Probiere, erkenne, reagiere.

Chaos:

- hohe Turbulenz,
- keine Ursache-Wirkungs-Beziehungen,
- große Unbekannte,
- viele Entscheidungen unter hohem Zeitdruck

Vorgehensweise: *Innovation* - Handle, erkenne, reagiere.

Anhand der vorgeschlagenen Vorgehensweisen erkennt man gut, dass spätestens ab dem komplexen Stadium ein agiler Ansatz nötig ist. Ein *Ausprobieren* ist in traditionellen Projektmethoden schlichtweg nicht vorgesehen. Scrum hingegen unterstützt dieses Vorgehen intensiv.

Advent, Advent...

Wie man Weihnachten plant. Oder auch nicht.

Das Thema der folgenden Übung ist Weihnachten.Deine Aufgabe ist es, alle Aufgaben, die es zur Vorbereitung eines Heilig Abend gibt, in Form von User Storys aufzuschreiben. Stell Dir also vor, Du hast Deine Familie am Heilig Abend bei Dir zu Hause und musst alles vorbereiten.

Kurz zur User Story: Eine User Story besteht aus den drei Teilen *Wer*, *Was* und *Warum*.

Du könntest also schreiben „Ich, als *Mutter*, möchte eine *hübsche Tischdekoration*, damit alle merken, was für ein *besonderer Abend* das ist“ oder „Ich, als *Vater*, möchte einen *selbst geschlagenen Tannenbaum*, weil das die einzige Möglichkeit ist, *meine Axt zu benutzen*.“ Das war jetzt furchtbar klischeehaft, aber Du kannst es ja besser machen. Nimm Dir einfach eine Handvoll Karten oder PostIts und schreib mindestens fünf Storys auf!

Stufe 2: Hierarchisierung

Nachdem Ihr alle Eure Storys zusammengetragen habt, konntet Ihr sicherlich einiges gruppieren und zusammenfassen, wobei die Detaillierung der Storys bestimmt sehr unterschiedlich war. „Wir Kinder wünschen uns viele Geschenke, weil uns das viel Freude macht“ ist sicherlich etwas anderes als „Ich, Karl, wünsche mir ein 1.000 Teile Puzzle, weil mir die anderen zu langweilig sind.“ In Scrum werden daher übergeordnete Gruppierungen als *Epic* bezeichnet. Versucht mal, ob Ihr zumindest zwei weitere Epics neben dem Epic *Dekoration* finden könnt! Welche User Storys fallen darunter?

Anders herum kann eine User Story auch in Tasks aufgeteilt werden. Das Puzzle für Karl könnte zum Beispiel ein Task der User Story *viele Geschenke für die Kinder* sein.

Stufe 3: Story Map

Auch die zweite Stufe hat noch ihre Schwächen, da sie zwar hierarchisch vorgeht, sich aber sehr stark an der Sache orientiert. Die zugrundeliegende Idee der User Storys ist es aber, den User in den Mittelpunkt zu stellen. Daher werden wir im dritten Schritt noch einmal ganz von vorne anfangen und mit den Usern bzw. Stakeholdern beginnen.

Dazu kommt alles auf eine Map an die Wand. Beginnend oben mit der Frage: Wer sind die User an Weihnachten? Diese werden nach Priorität von links nach rechts an die Wand gehängt.

Darunter kommen dann die Bedürfnisse der jeweiligen User, beginnend mit dem am höchsten priorisierten User. Dabei kann es bei den nachfolgenden Usern zu Überschneidungen kommen. Diese werden dann weggelassen. In einer dritten Zeile unter diesen Bedürfnissen kommen nun die Lösungen zu den jeweiligen Bedürfnissen. Damit haben wir die User Story ein wenig umgedreht in *Wer, Warum, Was*.

Anschließend können wir die Lösungen so sortieren, dass es mehrere Stufen gibt, vom Minimal-Weihnachten (Tannenbaum und Wiener Würstchen) bis zur letzten Maximal-Stufe (Außenbeleuchtung und 7-Gänge Menü).

Theorie: Storys statt Lasten

Warum mit User Storys besser gearbeitet wird als mit Lastenheften

Ein zentraler Aspekt bei Scrum, insbesondere bei der Programmierung, ist die Verwendung von User Storys in der Produktentwicklung. Die Idee dabei ist relativ einfach: Lasst uns eine Sprache verwenden, die jeder versteht! Anstatt das, was wir wollen, umständlich in ein Lastenheft voller Anforderungen zu packen, erklären wir dem Erbringer einer Leistung unser Problem und skizzieren eventuell noch grob, wie wir es gelöst haben wollen.

Das macht auf einem sehr vereinfachten Niveau auch intuitiv Sinn. Wenn wir uns vorstellen, wir möchten ein umweltfreundliches, sparsames Auto kaufen, dann gehen wir auch nicht hin und geben das Volumen der Zylinderköpfe vor. Uns interessiert, wie viel der Wagen (wirklich) verbraucht. Wie der Autohersteller das hinbekommt, können oder wollen wir gar nicht im Detail nachvollziehen. Im Projekt-Alltag geraten wir jedoch immer wieder in die Falle, dass wir doch alles detailliert vorgeben wollen. Das liegt zum einen an dem Risiko. Projekte im Unternehmensumfeld sind in den seltensten Fällen die Anschaffung eines 1.000-fach erprobten und getesteten Produkts, wie das Auto im Beispiel. Vielmehr sollen in der Regel hochgradig spezielle, maßgeschneiderte Lösungen erbracht werden. Zum anderen haben wir schon häufig die Erfahrung gemacht, dass Dinge nicht so funktionieren, wie wir es uns vorgestellt haben.

Scrum geht hier gezielt anders vor. Als Erstes wird in sehr kurzen Abständen immer wieder überprüft, ob sich das Projekt auf dem richtigen Weg befindet. Daher gibt es nach jedem Sprint einen Review, in dem die Ergebnisse des Sprints vorgestellt werden. Zusätzlich werden User Storys verwendet. Eine User Story beschreibt dabei (wie der Name schon sagt), wie ein Nutzer einen bestimmten Aspekt eines Produktes oder Services nutzt.

Der Aufbau ist immer gleich. Es müssen drei Fragen beantwortet sein:

- Wer? Bezeichnet den User bzw. die Rolle, die er innehat.
- Was? Sein Wunsch an das Produkt, an den Service oder an das Projekt. Alternativ sein Ziel. Und
- Warum? Der Grund, weshalb ein User sich genau das wünscht bzw. der Nutzen, den er daraus zieht.

Angewendet auf das Beispiel mit dem Auto könnte eine User Story folgendermaßen lauten:
„Ich als Bürgermeister der Stadt möchte ein umweltfreundliches Auto fahren, damit man mich deswegen politisch nicht angreifen kann."

Zusätzlich zu den drei inhaltlichen Antworten auf die Fragen *Wer*, *Was* und *Warum* gibt eine User Story immer auch Akzeptanzkriterien mit an. Kriterien also, die erfüllt sein müssen, damit eine Story erfüllt ist. Im Falle des Autos könnten dies sein:

- Der Wagen verbraucht weniger als 6 Liter Benzin.
- Der Wagen kann E10 tanken.

oder

- Der Wagen verbraucht weniger als 4 Liter Diesel.
- Der Wagen fährt auch mit Bio-Sprit.
- Der Wagen hat einen zusätzlichen Erdgastank.

Natürlich ist das Beispiel nicht ausreichend, um ein Auto zu bauen. Für das Projekt „Anschaffung eines Dienstwagens für den Bürgermeister" hingegen reichen die Angaben völlig aus! Gemeinsam mit weiteren User Storys wie zum Beispiel: „Als Bürgermeister möchte ich ein Fabrikat fahren, das in unserer Region gefertigt wird, um ein Signal an diesen Arbeitgeber zu senden" und „Als Familienvater möchte ich einen Wagen, in dem meine zwei Kinder Platz haben, damit ich den Wagen auch privat nutzen kann" ergibt sich in der Summe dann ein Bild, das das Projekt Dienstwagenbeschaffung ohne ein detailliertes Lastenheft beschreibt.

Agiles Schätzen mit Fibonacci

1, 2, 3, 5, 8, 13, 21, 34, 55, 89, 144, 233, 377, 610, 987, 1.597

Anders als im *normalen* Projektmanagement wird bei Scrum nicht in Meilensteinen und Zeiträumen geschätzt, sondern in Aufwand. Der Mensch ist nicht besonders gut im Schätzen. Besonders ungenau werden die Schätzergebnisse, wenn er erst den Aufwand abschätzt und danach noch einmal schätzen muss, wie lange er wohl dafür benötigen wird. Daher lässt Scrum die zweite Schätzung einfach aus und schaut während des Projektverlaufs, wie schnell die einzelnen Arbeitspakete abgearbeitet werden. Darauf aufbauen kann eine Prognose erstellt werden, wann das Projekt fertig sein könnte.

Bei der Schätzung werden einzelne Arbeitspakete geschätzt, indem man sie miteinander vergleicht. Leider sind wir auch beim Vergleichen nicht besonders gut. Wenn wir nämlich auf einer Skala zwischen 1 und 10 schätzen müssen, fällt uns die Einsortierung häufig schwer (*ist das nun eine 7 oder eine 8?*). Daher geht Scrum noch einen Schritt weiter und verwendet eine modifizierte Fibonacci-Folge als Schätzskala. Von 1 = das einfachste Arbeitspaket bis 100 = das 100mal schwierigere und schwerste Arbeitspaket. Die Scrum Skala lautet:
1, 2, 3, 5, 8, 13, 20, 40, 100

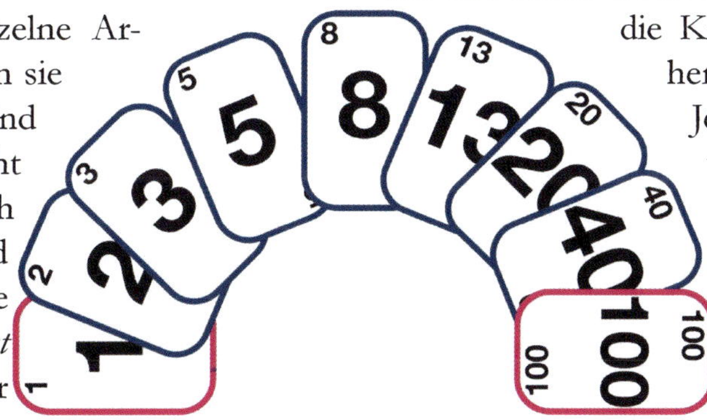

Wichtig ist, dass immer eine Referenzaufgabe vorgegeben ist, anhand derer man dann die anderen Aufgaben einschätzen kann. In der Regel ist dies eine Aufgabe mit einer 2 oder 3.

In dieser Übung geht es darum, das Tool *Planning Poker* kennenzulernen. Dafür hältst Du Karten mit den Zahlen der modifizierten Fibonacci-Folge in der Hand wie beim Kartenspielen. Es wird eine Aufgabe oder ein Aufgabenpaket vorgestellt und Ihr müsst anhand der Referenzaufgabe der vorgestellten Aufgabe eine Schwierigkeit zuordnen. Jeder nimmt die Karte, von der er meint, dass sie die Schwierigkeit repräsentiert, und legt sie verdeckt vor sich auf den Tisch. Wenn sich alle entschieden haben, werden die Karten gemeinsam aufgedeckt (daher der Name *Planning Poker*).
Jetzt kann jeder sofort erkennen, was die anderen im Team geschätzt haben. Meist liegen die Schätzungen im ersten Durchgang noch auseinander. Sollte der Abstand mehr als zwei Zahlen sein, also zum Beispiel 3 und 8, müssen die Teammitglieder, die die niedrigsten und höchsten Werte ausgewählt haben, erklären, warum sie die Aufgabe so leicht bzw. schwer beurteilt haben.
Im Anschluss wird erneut geschätzt. Dies wiederholt man so lange, bis die Schätzwerte höchstens noch eine Zahl auseinanderliegen und nimmt dann den höheren Wert (alternativ ginge auch der tiefere oder Mittelwert, in der Praxis hat sich jedoch der höhere Wert bewährt).

	Meine Schätzung	Letzte Schätzung		Meine Schätzung	Letzte Schätzung
Aufgabe 1:			Aufgabe 4:		
Aufgabe 2:			Aufgabe 5:		
Aufgabe 3:			Aufgabe 6:		

Theorie: Aufwand und Zeit schätzen

Halo, Delphi, Parkinson, Fibonacci... alles ganz schön große Begriffe

Die Delphi Methode & der Halo Effekt

Die Wahrnehmung des Menschen ist nicht objektiv. Vielmehr durchlaufen all unsere Sinneseindrücke einen subjektiven Filter, der entscheidet, was in unser Bewusstsein vordringen darf, was davon relevant ist und wie wir es einzuordnen haben. Das schließt auch vermeintlich neutrale Situationen wie Arbeitsmeetings mit ein. Wenn wir zum Beispiel einschätzen sollen, wie schwierig die kommende Projektphase zu realisieren ist, schauen wir gerne nach rechts und links, um zu sehen, was unsere Kollegen meinen. Und wenn der Chef eine vollkommen andere Meinung hat, halten wir uns in der Regel mit unserer Meinung zurück. Gleiches gilt, wenn ein Kollege sehr kompetent auf einem bestimmten Sachgebiet ist. Hat die kommende Projektphase etwas mit seinem Sachgebiet zu tun, schätzen wir sein Urteil höher ein, als das aller anderen. Um diesen Halo Effekt weitestgehend zu eliminieren, nutzen wir eine *geheime* Abstimmung in Anlehnung an die Delphi-Methode. So ist jeder auf sich gestellt und antwortet nach seinem besten Wissensstand.

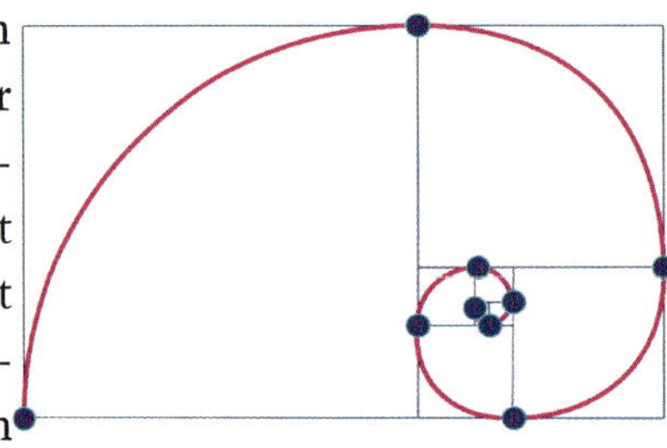

Das Parkinson'sche Gesetz

Ein Grund, warum das Schätzen von Arbeitspaketen effizienter ist als Meilensteine, lässt sich über eines der Parkinson'schen Gesetze erklären. Es besagt: *Arbeit dehnt sich in genau dem Maß aus, wie Zeit für ihre Erledigung zur Verfügung steht.*

Das heißt, wenn wir uns für ein Arbeitspaket eine Woche gegeben haben, dann werden wir diese auch aufbrauchen, unabhängig davon, ob so viel Zeit tatsächlich nötig ist. Wie sich gezeigt hat, trifft das nicht auf die Arbeitspakete zu, die wir unterschätzt haben. Wir haben zum Beispiel drei Pakete, die alle mit einer Woche Arbeitszeit veranschlagt worden sind. Eines davon könnte man auch in 4 Tagen schaffen, eines benötigt genau 5 Tage und das letzte 6 Tage. Demzufolge müssten wir immer noch nach drei Wochen fertig sein. Tatsächlich jedoch benötigen wir für die ersten beiden Pakete jeweils eine Woche und müssen dann am Ende entweder Nachtschichten einlegen, weil der Termin nicht zu verschieben ist, oder wir sind einen Tag zu spät fertig. Aus diesem Grund sagt Scrum nicht, wann etwas fertig ist. Es gibt nur Hochrechnungen, die im Verlaufe des Projektes immer genauer werden.

Die Zahlenfolge der Natur

Wo man auch hinschaut, in der Natur kann man die Fibonacci-Folge fast überall finden. Ob in der Sonnenblume, bei bestimmten Kakteenarten oder Farnen, in der Nautilus-Muschel, dem Wirbel von Tiefdruckgebieten oder ganzen Galaxien, die Fibonacci-Folge gibt häufig die Form und Reihenfolge vor. Das ist der Grund, warum sie von *Jeff Sutherland*, Mitbegründer der Scrum Philosophie, für das agile Schätzen verwendet wird. Dadurch wird es für uns Menschen tatsächlich einfacher einzuschätzen, ob etwas eine 8 oder eine 13 ist. Anstatt einer 8 oder einer 9.

Nachteil und Alternative zum Planning Poker

Der große Nachteil des Planning Pokers besteht darin, dass man sehr viel Zeit investieren muss. Zu Beginn eines Projektes gibt es immer sehr viele Arbeitspakete zu schätzen. Dabei gilt sogar die Devise: Je detaillierter und folglich kleinteiliger und zahlreicher die Pakete sind, desto besser. Es kann also vorkommen, dass man mehrere Hundert Arbeitspakete schätzen muss. Wenn dann Planning Poker zum Einsatz kommt, ist man auf Tage hinaus damit beschäftigt. Um große Mengen schnell schätzen zu können, gibt es Alternativen wie zum Beispiel *Silent Sizing, Magic Estimation* oder *Team Estimation.* Sie unterscheiden sich ein wenig, sind aber im Kern gleich. Die modifizierte Fibonacci-Folge wird ausgelegt oder an eine Wand gepinnt. Die Teammitglieder dürfen dann reihum Arbeitspakete (bzw. User Storys, dazu kommen wir noch später) alleine einschätzen und einer Zahl zuordnen. Der nächste nimmt sich entweder das nächste Arbeitspaket oder hängt eines um. Wenn er eines umhängt, wird dieses markiert. Wird ein Arbeitspaket zweimal umgehängt, nimmt der Moderator es raus und es wird am Ende gesondert besprochen. Zum Beispiel mit einer Runde Planning Poker.

Nur Fliegen ist schöner

Eine Übung für fortgeschrittene Trainingsteilnehmer

Für die folgende Übung bekommt Ihr diese User-Story:

> Ich, *Ansgar, Schüler der Klasse 4a*, möchte zum Sommerfest der Schule *so viele Papierflieger wie möglich* mitbringen, weil wir dann auf dem Schulhof ein *Papierflieger-Wettfliegen* mit allen Schülern veranstalten können.

Mit anderen Worten: Bastelt so viele Papierflieger wie in der vorgegeben Zeit möglich.

Da dies schon eine fortgeschrittene Übung ist, bekommt Ihr dafür auch ein wenig mehr Zeit. Ihr habt insgesamt:

- 2 Minuten für die Planung
- 1 Minute für die Schätzung wie viele Ihr schafft
- 5 Minuten Sprint-Arbeitszeit
- ca. 3 Minuten Review und
- 2 Minuten Retrospektive

Insgesamt machen wir 2 Sprints.

	Geplante Menge	Realisierte Menge	Änderungen nächstes Mal
Erster Sprint:			
Zweiter Sprint:			

Meine Beobachtungen:

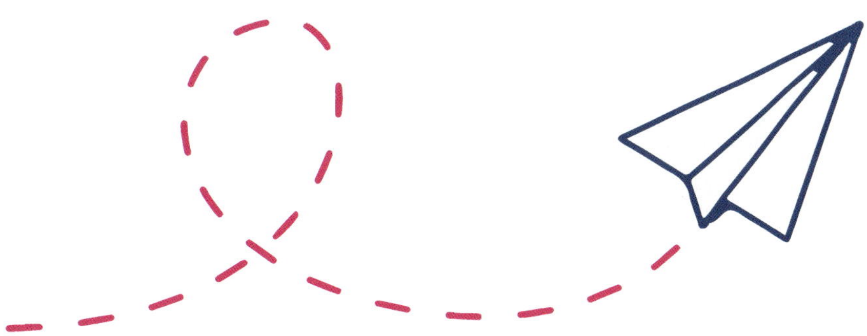

Theorie: Akzeptanz, DoD und DoR

Wann ist etwas wirklich fertig? Wie einigt man sich am besten vorab?

Akzeptanzkriterien

Im Zusammenhang mit den User Storys haben wir die Akzeptanzkriterien bereits angesprochen. An dieser Stelle wollen wir noch einmal genauer hinschauen.

Akzeptanzkriterien beschreiben detailliert, was gegeben sein muss, damit die User Story als erfüllt betrachtet werden kann. Wann ist der Product Owner mit dem Ergebnis zufrieden? Welche testbaren oder anderweitig nachweisbaren Kriterien müssen erfüllt sein.
Dies ist immens wichtig. Denn eine Story gilt nur dann als fertig, wenn nicht mehr an ihr gearbeitet werden muss. In der Programmierung sind das Bestandteile, die in einen Release gehen können, also veröffentlicht werden. Genauso sollte auch im Non-IT Bereich eine User Story erst dann als abgeschlossen gelten, wenn alle ihre Kriterien erfüllt sind.

Können bei einer User Story nicht alle Kriterien erfüllt werden, so gilt die Story als nicht fertig. Das heißt, dass auch der Sprint die Story Points nicht zugerechnet bekommt, die diese Story hatte. Wird sie im nächsten oder einem späteren Sprint abgeschlossen, werden die Punkte diesem späteren Sprint angerechnet.

Definition of Done

Was die Akzeptanzkriterien für jede Story einzeln vorgeben, kann auch auf einem höheren Niveau definiert werden. Solange sich die Kriterien auf alle User Storys anwenden lassen. Das ist die sogenannte Definition of Done, kurz: DoD. Hier legt das Team(!) fest, was erfüllt sein muss, damit eine User Story als fertig betrachtet wird und aus der Sicht des Teams in den Review darf. So kann zum Beispiel festgelegt sein, dass alle Akzeptanzkriterien erfüllt sein müssen, jedes Teammitglied das Ergebnis gesehen haben muss und keiner einen schwerwiegenden Einwand gegen eine Vorstellung im Review hat.

Definition of Ready

Umgekehrt zu der DoD, die beschreibt, wann eine User Story abgeschlossen ist, gibt es auch die Definition of Ready (DoR). Diese gibt an, was eine User Story zu erfüllen hat, damit sie in einen Sprint aufgenommen werden kann. Damit werden Qualitätsansprüche des Teams an den Product Owner formuliert.

Die wichtigsten Elemente einer DoR sind:

- Die Story ist eindeutig,
- Alle drei Fragen (Wer, Was und Warum) sind in der User Story beantwortet,
- Es sind ausreichend Akzeptanzkriterien vorhanden,
- Die User Story wurde geschätzt,
- Die User Story ist klein genug, um in einem Sprint bearbeitet werden zu können.

Auch hier kann das Team (gemeinsam mit dem PO) weitere Kriterien entwickeln, die sie in die DoR mit aufnehmen wollen.

Bei allen drei Kriterien geht es darum, sich im Vorfeld transparent darauf zu einigen, was akzeptabel ist bzw. was nicht. Damit werden die Erwartungen an die Sprintergebnisse klar formuliert und unnötige Diskussionen im Review oder Sprint Planning vermieden.

Meetings in Scrum

Sprint Planning 1&2, Review, Retrospektive, Daily, Backlog Refinement

Im Scrum Framework gibt es insgesamt fünf unterschiedliche Meetings. Diese sind: Sprint Planning (1&2), Review, Retrospektive, Daily Scrum und Backlog Refinement. Die Grafik unten soll einen Sprint symbolisieren, der acht Werktage dauert. Zeichne in diese Grafik ein, wann die fünf Meetings stattfinden, und gib auch mit an, wer an ihnen teilnimmt und wie lange sie jeweils dauern.

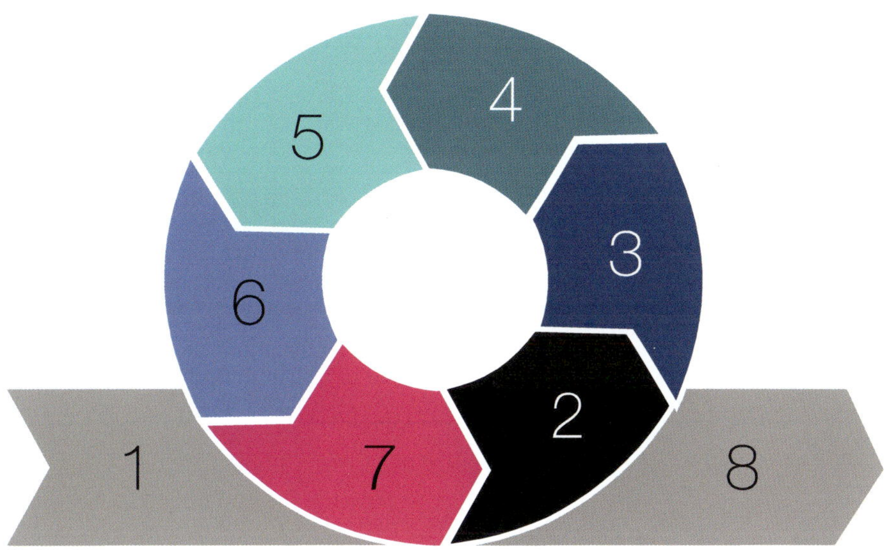

Theorie: Die Scrum Meetings

Wer? Was? Wann? Wie häufig? Wie lange?

Sprint Planning 1&2

Wer? Team, Scrum Master und Product Owner

Was? Im ersten Teil stellt der Product Owner sein Product Backlog vor. Anschließend wird beschlossen, welche User Storys aus dem Product Backlog im nächsten Sprint bearbeitet werden sollen. Dies entscheidet allein das Team. Außerdem beschließt das Team gemeinsam ein Sprintziel. Im zweiten Teil wird diskutiert, wie die User Storys umgesetzt werden können. Dazu werden, wo immer es möglich ist, Tasks definiert.

Wann? Das Sprint Planning stellt den Beginn eines neuen Sprints dar.

Wie häufig? Einmal pro Sprint.

Wie lange? Abhängig von der Sprintlänge bei einem zweiwöchigen Sprint sollten beide Teile 1&2 jeweils zwei Stunden dauern. Bei einem Sprint von vier Wochen entsprechend doppelt so lange, also einen ganzen Tag (2x4 Stunden).

Daily Scrum

Wer? Das Team, möglichst noch der Scrum Master, Product Owner optional.

Was? Es werden von allen Teammitgliedern drei Fragen beantwortet:

- Was habe ich gestern getan, um das Sprintziel zu erreichen?
- Was habe ich heute vor, um das Sprintziel zu erreichen?
- Auf welche Hindernisse bin ich gestoßen?

Wann? Für viele Teams ist das Meeting am Morgen am effizientesten.

Wie häufig? Täglich.

Wie lange? Möglichst nicht länger als 15 Minuten. Es sollen keine Diskussionen entstehen oder Probleme gelöst werden. Das kann direkt im Anschluss erfolgen.

Review

Wer? Team, Scrum Master, Product Owner, Stakeholder, alle Interessierten.

Was? Es werden die fertigen User Storys aus dem abgeschlossenen Sprint vorgestellt. Der Product Owner nimmt in diesem Meeting offiziell die Ergebnisse ab. Daher dürfen nur vollständig bearbeitete Ergebnisse präsentiert werden. Der Scrum Master moderiert in der Regel das Meeting, kann dies aber auch dem Team überlassen. Es sollen möglichst keine Powerpointfolien o.ä. verwendet werden, sondern ausschließlich demonstrierbare Ergebnisse

Wann? Am Ende eines Sprints.

Wie häufig? Einmal pro Sprint.

Wie lange? Bei einem zweiwöchigen Sprint sollte der Review nicht länger als zwei Stunden dauern, bei vier Wochen nicht länger als vier Stunden.

Retrospektive

Wer? Team, Scrum Master, Product Owner optional, falls vom Team gewünscht.

Was? Die Zusammenarbeit im Team und die Arbeitsmethoden werden reflektiert. Was lief im vergangenen Sprint gut, was schlecht? Der Umgang - insbesondere mit anderen Teammitgliedern - muss unbedingt wertschätzend und konstruktiv sein. Der Scrum Master sollte das Meeting moderieren. Ergebnisse sind Verbesserungsvorschläge für den kommenden Sprint, die möglichst messbar sein sollen.

Wann? Am Ende des Sprints, in der Regel nach dem Review.

Wie häufig? Einmal pro Sprint.

Wie lange? Wie Review: bei zwei Wochen Sprint zwei Stunden.

Backlog Refinement

Wer? Product Owner, Stakeholder optional, Team optional, Scrum Master optional.

Was? Der Product Owner bereitet das Backlog für den nächsten Sprint vor. Sind neue User Storys hinzugekommen, muss das Team diese schätzen. Er kann das Meeting aber auch nutzen, um mit Stakeholdern über die Inhalte zu diskutieren. Ergebnis des Meetings ist ein überarbeitetes Product Backlog.

Wann? Während des Sprints, möglichst nicht direkt vor Review und Retrospektive.

Wie häufig? Nach Belieben des Product Owners. Das Meeting ist optional, sollte aber nicht häufiger als ein bis zwei Mal pro Sprint stattfinden.

Wie lange? Abhängig vom Umfang des Meetings.

Artefakte in Scrum

Sprint Backlog, Product Backlog, Burndown Chart

Das Sprint Backlog enthält alle User Storys, die sich das Team für den Sprint vorgenommen hat, sowie die Tasks für jede User Story, die im Sprint Planning 2 entwickelt wurden. Diese Tasks sind entweder noch nicht begonnen und hängen unter *To Do* oder werden gerade von einem Teammitglied bearbeitet (*Doing*) oder sind bereits abgeschlossen (*Done*). Sobald ein Task angefangen wurde oder erledigt wird, wandert er in die entsprechende Spalte, spätestens jedoch zum Daily Scrum. Doch auch die Verteilung der Tasks kann bereits etwas über das Team und den Status Quo des Sprints aussagen. Was glaubst Du, ist in den Sprints unten gerade los?

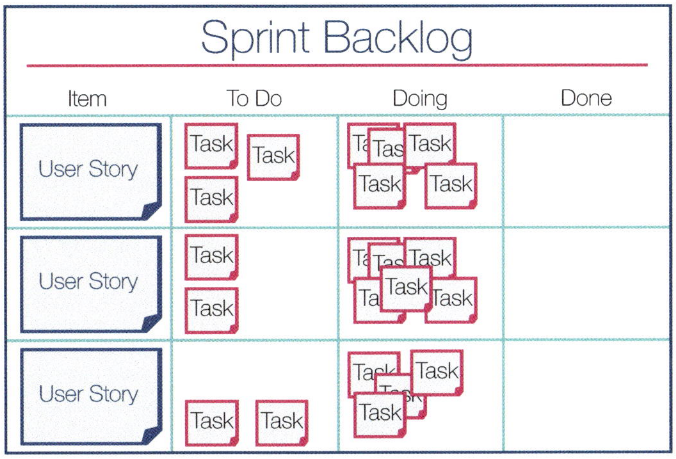

Anmerkung:

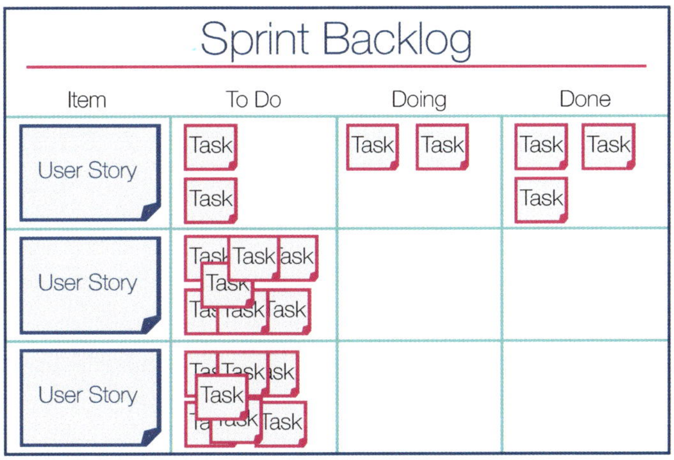

Anmerkung:

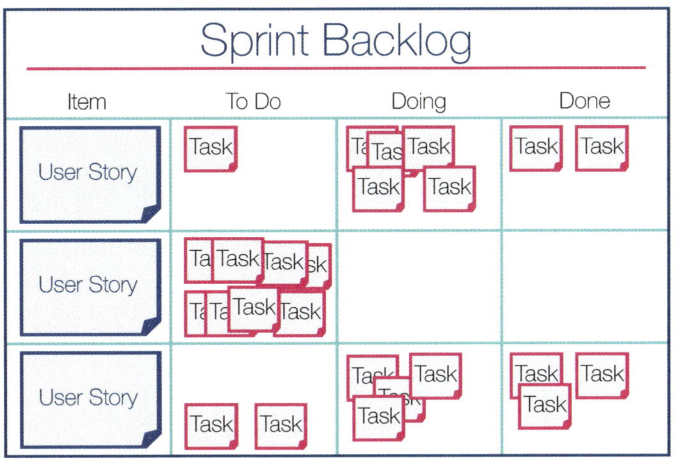

Anmerkung:

Theorie: Product Backlog

Alle User Storys. Geschätzt. Priorisiert. Deep.

Inhalt des Backlogs

Im Backlog sind alle Items enthalten, die das Projekt oder Produkt aus heutiger Sicht ausmachen. Diese Items müssen nicht zwangsläufig in Form einer User Story vorliegen, auch wenn diese später dem Team übergeben werden sollen und in der Regel 99% der Items ausmachen. Es dürfen durchaus auch Use Cases, andere Formen der Beschreibung, Skizzen oder ähnliches sein.

Hierarchie / Priorität

Alle Items im Backlog sind streng hierarchisch nach Priorität sortiert. Verantwortlich für diese Sortierung ist der Product Owner. Die Priorität ergibt sich meist aus dem wirtschaftlichen Nutzen des Items, dem damit verbundenen Risiko und der Notwendigkeit für das Projekt oder Produkt. Dem Product Owner steht es aber auch frei, völlig andere Kriterien zu nutzen.

Die Hierarchie gibt gleichzeitig vor, welche Items zuerst vom Team abgearbeitet werden sollen. Das Team kann zwar entscheiden, wie viele Items bzw. User Storys es sich in einem Sprint zutraut, welche der User Storys das sind, entscheidet hingegen der Product Owner über die Rangfolge im Product Backlog (Unterscheidung Wie & Was).

Entsprechend der Hierarchie ergibt sich auch der Detailgrad der Items. Items, die ganz oben im Backlog stehen, müssen vollständig detailliert sein, in Form einer User Story vorliegen (inkl. Akzeptanzkriterien) und die Definition of Ready (DoR) erfüllen. Eine Faustregel besagt, dass User Storys für zwei Sprints abrufbereit vorliegen müssen, damit unvorhergesehene Änderungen in der Hierarchie nicht den Ablauf der Sprints beeinträchtigen. Mit absteigender Priorität sollte der Detaillierungsgrad der Items fallen. Je geringer die hierarchische Stufe eines Items, desto später wird es in die Umsetzung gehen und desto unwichtiger ist zum aktuellen Zeitpunkt ein genaues und detailliertes Verständnis des Items. Es ist zwar sinnvoll und wichtig, dass auch alle niedrig priorisierten Items vorhanden sind, damit sie geschätzt werden können und der Gesamtumfang des Projektes oder des Produktes ersichtlich ist, dazu reicht aber in den häufigsten Fällen eine rudimentäre Beschreibung (analog zur 80/20 Regel).

Backlog Refinement

Aus der Beschreibung der Hierarchie geht bereits hervor, dass das Product Backlog ein Tool für den Product Owner ist, dessen Inhalt sich stetig verändert. Items können herausgenommen, ausgetauscht oder neu aufgenommen werden. Die Hierarchie innerhalb des Backlogs kann sich ändern, wenn andere Items in der Bearbeitung vorgezogen oder hintangestellt werden. Items werden im Laufe des Projektes immer weiter detailliert. Die Verantwortung hierfür trägt der Product Owner. Er muss diese Arbeit allerdings nicht alleine erledigen, sondern hat die Möglichkeit, diese Veränderungen mit anderen zu diskutieren. Eine leicht formalisierte Form dafür ist das Backlog Refinement. Dieses Meeting ist dafür gedacht, dass der Product Owner während eines Sprints Stakeholder und/oder das Team und den Scrum Master einlädt, um das Backlog oder einzelne Items daraus zu präsentieren und diskutieren. Je nach Umfang und Art des Projektes wird der Product Owner von diesem Meeting häufiger oder seltener Gebrauch machen.

DEEP

Zusammenfassend spricht man davon, dass ein Backlog DEEP sein soll. Die Buchstaben stehen für:

- Detailed appropriately - angemessen detailliert (in Abhängigkeit von seiner Priorität)
- Emergent - sich über die Zeit entwickelnd, um Veränderungen im Projektumfeld zu berücksichtigen
- Estimated - geschätzt durch das Team, um eine Gesamtübersicht über die Story Points zu haben
- Prioritised - priorisiert / hierarchisch, für eine Reihenfolge der Items in der Bearbeitung

Let it burn...

Wie mit Hilfe eines Burndown Charts der Fortschritt visualisiert wird

In dieser Übung sollen Burndown Charts für vier Sprints angefertigt werden. Die Tabelle gibt an, wie viele Story Points sich das Team am Anfang vorgenommen hat und wie viele Punkte sie jeweils am entsprechenden Tag geschafft haben. Zeichne die Charts und überlege dann, was in dem Sprint passiert sein könnte.

Sprint	Geplante Story Points	Je Tag realisierte Story Points								
		Tag 1	Tag 2	Tag 3	Tag 4	Tag 5	Tag 6	Tag 7	Tag 8	Tag 9
1	27	0	1	3	0	5	3	1	0	3
2	18	0	0	0	0	13	0	0	0	5
3	27	0	0	0	8	5	0	5	3	8
4	27	0	1	3	8	-3	2	6	0	5

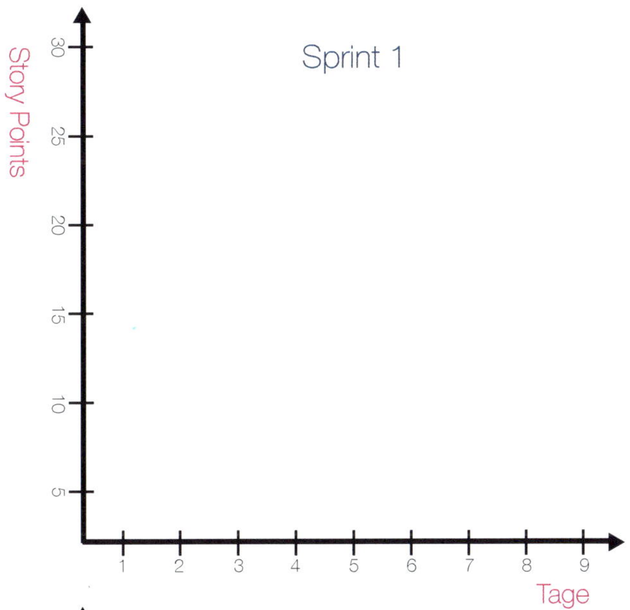

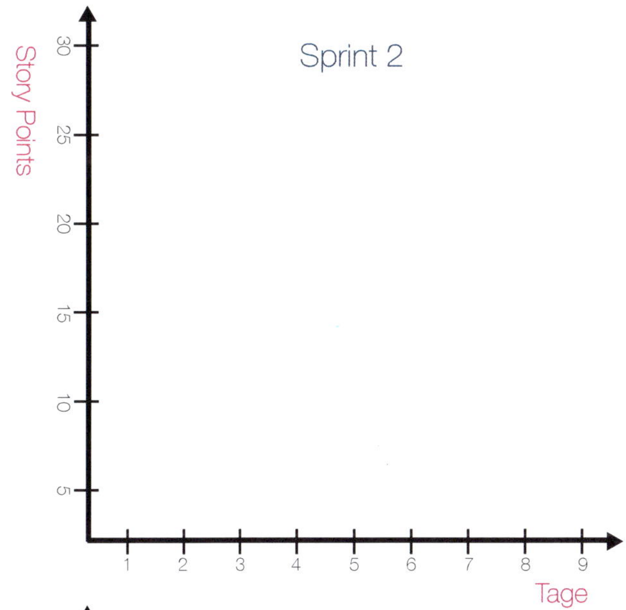

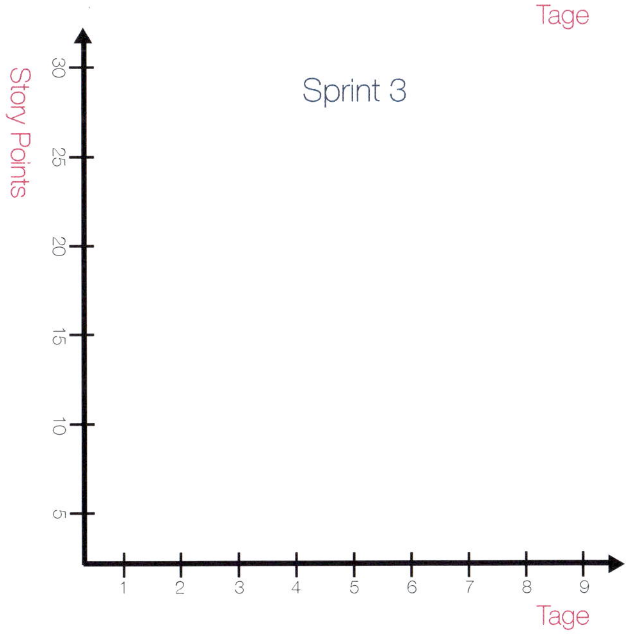

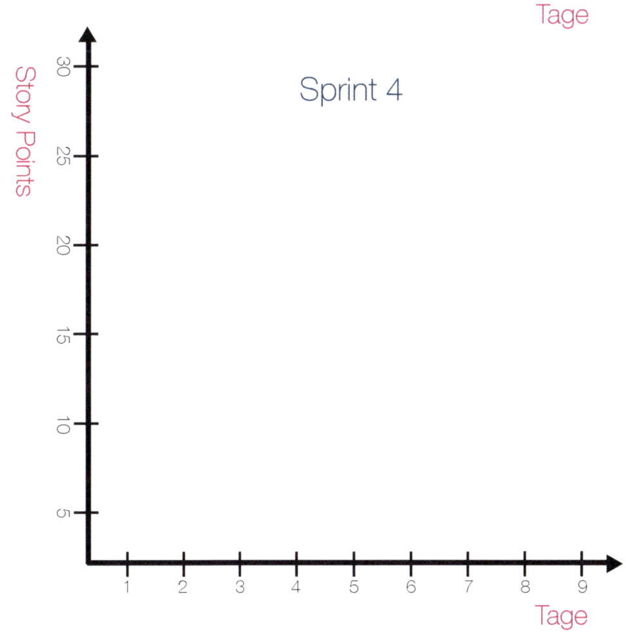

Theorie: Kurvendiskussion

Was ein Burndown Chart über ein Team aussagen kann

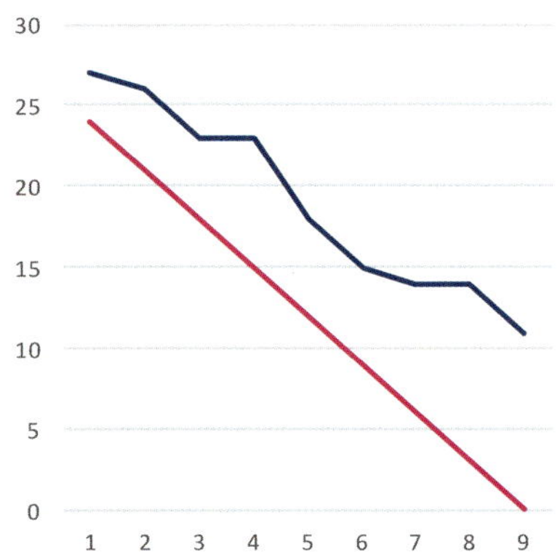

Sprint 1

Der erste betrachtete Sprint ist ein sehr klassisches Beispiel für ein Team, das sich bei der Auswahl der User Storys übernommen hat. Obwohl fast jeden Tag Storys abgeschlossen werden können, wird der Abstand zur Ideallinie immer größer. Theoretisch hätte hier auch noch eine sehr große User Story drin stecken können, die zum Ende hin nicht fertig geworden ist.

Typischerweise nimmt sich das Team beim nächsten Sprint weniger Story Points vor. In diesem Fall konnte es nur 16 von 27 Story Points abschließen und hat sich für den nächsten Sprint 18 Story Points vorgenommen.

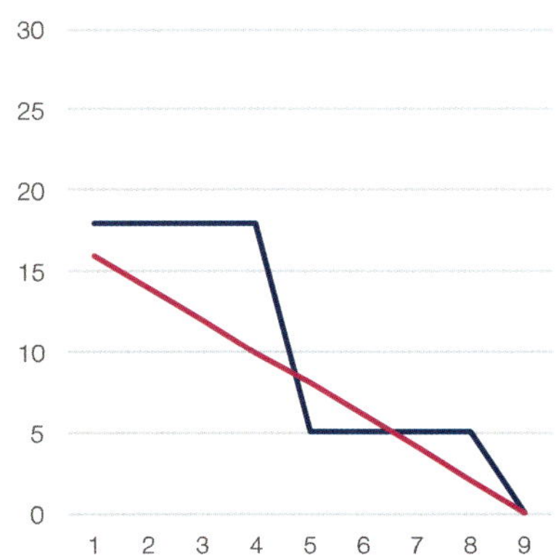

Sprint 2

Im zweiten Sprint können verschiedene Themen stecken:

- Es sind nur zwei sehr große User Storys bearbeitet worden
- Das Team kam aus bestimmten Gründen nicht zum Arbeiten
- Das Team ist schlicht unterfordert und trödelt, um die zwei Wochen voll zu bekommen
- Das Team hat vergessen das Burndown Chart zu pflegen und nur zweimal Einträge vorgenommen

Keiner der Fälle ist optimal. Selbst im ersten Fall ist es riskant, seinen ganzen Sprint mit nur zwei Themen zu füllen.

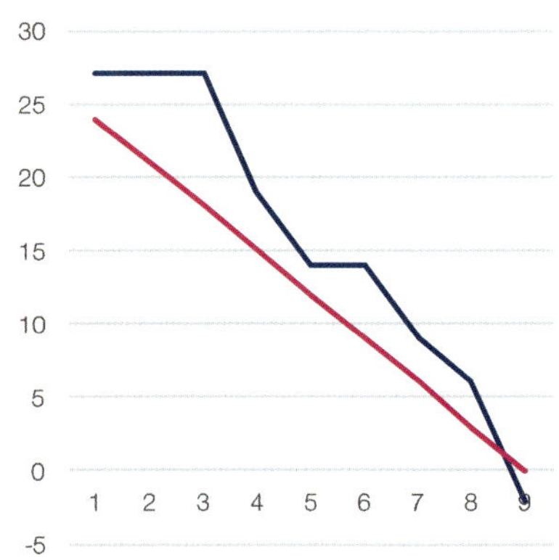

Sprint 3

Der markanteste Teil dieses Burndowns ist das Ende. Hier geht es in den negativen Bereich. Das heißt, das Team hat mehr User Storys abgearbeitet, als es sich ursprünglich vorgenommen hatte. Wie dieser Umstand visualisiert wird, ist umstritten. Man kann alle Werte nach oben korrigieren oder wie hier ins Negative gehen.

Nicht ausreichend User Storys im Sprint zu haben, ist nicht ganz ungefährlich. Die Auswahl der zusätzlichen User Story findet im laufenden Prozess statt, ohne ein ausführliches Sprint Planning. Das kann schnell zu Problemen führen und das Team frustrieren.

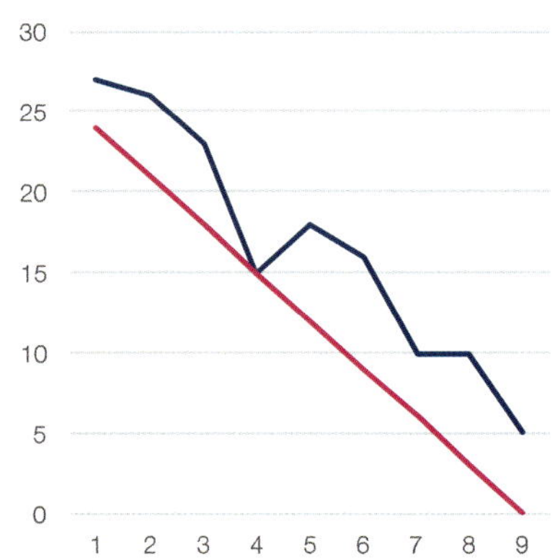

Sprint 4

Der vierte Sprint verläuft mit einer Ausnahme geradezu vorbildlich. Es werden konstant Story Points abgearbeitet. Anfangs hängt zwar die Umsetzung der Ideallinie typischerweise noch hinterher, holt dann aber schon am vierten Tag auf. Das Problem hier ist der Rückschritt. Dieser entsteht, wenn eine User Story beendet wurde, das Team diese als erledigt ansieht (nach DoD) und auch entsprechend auf dem Burndown Chart einbezieht, der Product Owner aber bereits vor dem Review zu verstehen gibt, dass die User Story so für ihn nicht als abgeschlossen gilt. Dann kommt die User Story zurück in den Sprint Backlog und das Burndown Chart muss entsprechend angepasst werden.

Tempo und Glaskugel

Wie man die Geschwindigkeit des Projekts prognostiziert

Das Team aus der vorherigen Übung beendet noch zwei weitere Sprints. In diesen schafft es 30 und 28 Story Points. An dem Punkt kommt der Geschäftsführer auf den Scrum Master zu und will von ihm *endlich eine Aussage, wie lange das Projekt noch dauern wird.*

Um eine fundierte Aussage auf diese Frage geben zu können, musst Du zwei Dinge berechnen:

- Die *Velocity* des Teams, also die Zahl der Story Points, die es voraussichtlich in Zukunft pro Sprint abarbeiten kann
- Die Anzahl der verbleibenden Sprints bis zur Fertigstellung

Dazu benötigst Du noch ein paar weitere Informationen:

- Ein Sprint dauert in diesem Projekt 2 Wochen
- Das Product Backlog bestand zu Beginn aus 150 User Storys, die im Durchschnitt alle genau 5 Story Points hatten

Beantworte die zwei Fragen:

1. Wie viele Wochen wird das Projekt voraussichtlich noch dauern?
2. Wie viele Story Points könnte das Team abarbeiten, wenn es nur noch 20 Wochen hätte?

Sprint	1	2	3	4	5	6
Story Points	16	18	29	22	30	28
kumuliert	16	34	63	85	115	143

Theorie: Velocity und Planung

Warum explizites Schätzen immer noch Zeitpläne schlägt

Empirische Prozesssteuerung

Scrum ist für komplizierte und vor allem komplexe Themen gemacht (siehe Stacey Matrix). Daher wird in dem Zusammenhang davon ausgegangen, dass eine exakte Planung nicht realisierbar ist. Es ist allerdings durchaus möglich, sich anzuschauen, wie gut das Team mit den gestellten Aufgaben zurechtkommt, um daraus Rückschlüsse zu ziehen. Genau das passiert mit dem *Burndown Chart*, der *Velocity* und der *Burnup Projektplanung* (im IT Bereich *Release Planung* genannt). Wenn wir uns anschauen, wie viele Story Points ein Team in der Vergangenheit bewältigt hat und wissen, wie viele Story Points noch vor uns liegen, können wir eine fundierte Schätzung abgeben, wann das Projekt fertig sein wird. Der immense Vorteil: Für alle Beteiligten ist klar, dass es sich hierbei um eine Schätzung handelt. Anders als bei Waterfall-Projekten, in denen zwar beteuert wird, dass die Zeitplanung steht, diese am Ende dann aber häufig doch angepasst werden muss.

Die Velocity des Teams

In der Übung haben wir die Informationen darüber, wie viele Story Points das Team in der Vergangenheit geschafft hat. Wie viele Story Points wird es also zukünftig schaffen? Naheliegend wäre es, den Durchschnitt zu nehmen. Dieser beträgt rund 24 Story Points pro Sprint. Das spiegelt allerdings nicht die Verbesserung wider, die das Team erreicht hat. Die Spanne von anfangs 16 auf bis zu 30 Punkte pro Sprint ist relativ groß. Nimmt man nur den Durchschnitt der letzten vier Sprints, kommt man bereits auf gute 27 Story Points pro Sprint. Beachtet man dann noch, dass Sprint Nummer vier nur aufgrund der erneuten Bearbeitung einer Story so schlecht abgeschnitten hat und lässt diesen Sprint raus, beträgt der Durchschnitt 29 Story Points pro Sprint. Ein Wert, der auf jeden Fall vertretbar wäre. Wem das zu gewagt ist, der kann auch eine *Best Case* und eine *Worst Case* Annahme verwenden. Im *Best Case* könnte sich das Team z.B. noch mehr verbessern und würde durchschnittlich 30 Story Points pro Sprint schaffen, im *Worst Case* passieren immer wieder Fehler und das Team schafft nur 27 Story Points pro Sprint.

Voraussichtliche Dauer

Um zu wissen, wie lange das Projekt noch dauern wird, müssen wir erst einmal wissen, wie viele Story Points noch übrig sind. Bei 150 User Storys à 5 Story Points im Durchschnitt beträgt das gesamte Volumen 750 Story Points. Für diese Aufgabe abstrahieren wir einmal, dass in der Regel noch weitere User Storys dazukommen und gehen davon aus, dass es bei den 750 Story Points bleibt. Nach den sechs Sprints hat das Team bereits 143 Story Points abgearbeitet, das heißt, es verbleiben noch 607 Story Points.

Wenn wir davon ausgehen, dass das Team 29 Story Points pro Sprint schafft, wären das 607/29 = 20,9 Sprints oder 21 * 2 = 42 Wochen. Wenn wir 8 Wochen pro Jahr für Urlaub, Krankheit und Fortbildungen mit einbeziehen, sind wir bei etwa 48 Wochen.

Im *Best Case* Szenario wären es:
607/30 = 20,2 Sprints und daher der gleiche Wert.

Im *Worst Case* Szenario wären es:
607/27 = 22,5 Sprints / 23 * 2 = 46 Wochen / +7 Wochen Urlaub etc. und daher 53 Wochen.

20 Wochen Dead End

Für den Fall, dass das Team nur noch 20 Wochen Zeit hat, müssen wir genau anders herum vorgehen. Von 20 Wochen gehen ungefähr 3 Wochen für Abwesenheit ab.
Wenn die 20 Wochen das tatsächliche Ende darstellen, kann es sein, dass der Product Owner ggf. gemeinsam mit dem Team überlegen muss, was alles gestrichen werden kann. Er muss die User Storys neu schreiben oder neu priorisieren. Veranschlagt man dafür eine zusätzliche Woche, bleiben 16 Wochen, also 8 Sprints.
Bei 29 Story Points pro Sprint wären das in Summe 29*8 = 232 Story Points.

Im *Best Case* Szenario wären es:
30 * 8 = 240 Story Points

Im *Worst Case* Szenario wären es:
27*8 = 216 Story Points

Immer noch einen oben drauf

Wie man zusätzliche User Storys in der Projektplanung berücksichtigt

In der letzten Übung zur Projektplanung geht es darum, den realistischen Fall zu berücksichtigen, dass im Laufe des Projektes zusätzliche Anforderungen hinzukommen. Diese Anforderungen müssen als Erstes vom Product Owner in User Storys überführt und anschließend vom Team geschätzt werden. Danach gibt es zwei Möglichkeiten, damit umzugehen. Entweder muss das Product Backlog um andere User Storys mit der gleichen Anzahl an Story Points verringert werden - man spricht dann vom agilen Festpreis - oder die User Storys kommen einfach zusätzlich in den Product Backlog. In diesem Fall verändert sich das Projektende. Um dies zu visualisieren, gibt es das *Burnup Chart*. Basierend auf den vorherigen Aufgaben hast Du unten eine Tabelle mit den zusätzlichen Story Points, die pro Sprint dazugekommen sind. Vervollständige mit diesen Informationen das *Burnup Chart* und berechne das voraussichtliche Projektende.

Sprint	1	2	3	4	5	6
zusätzliche Story Points	0	3	2	8	3	2

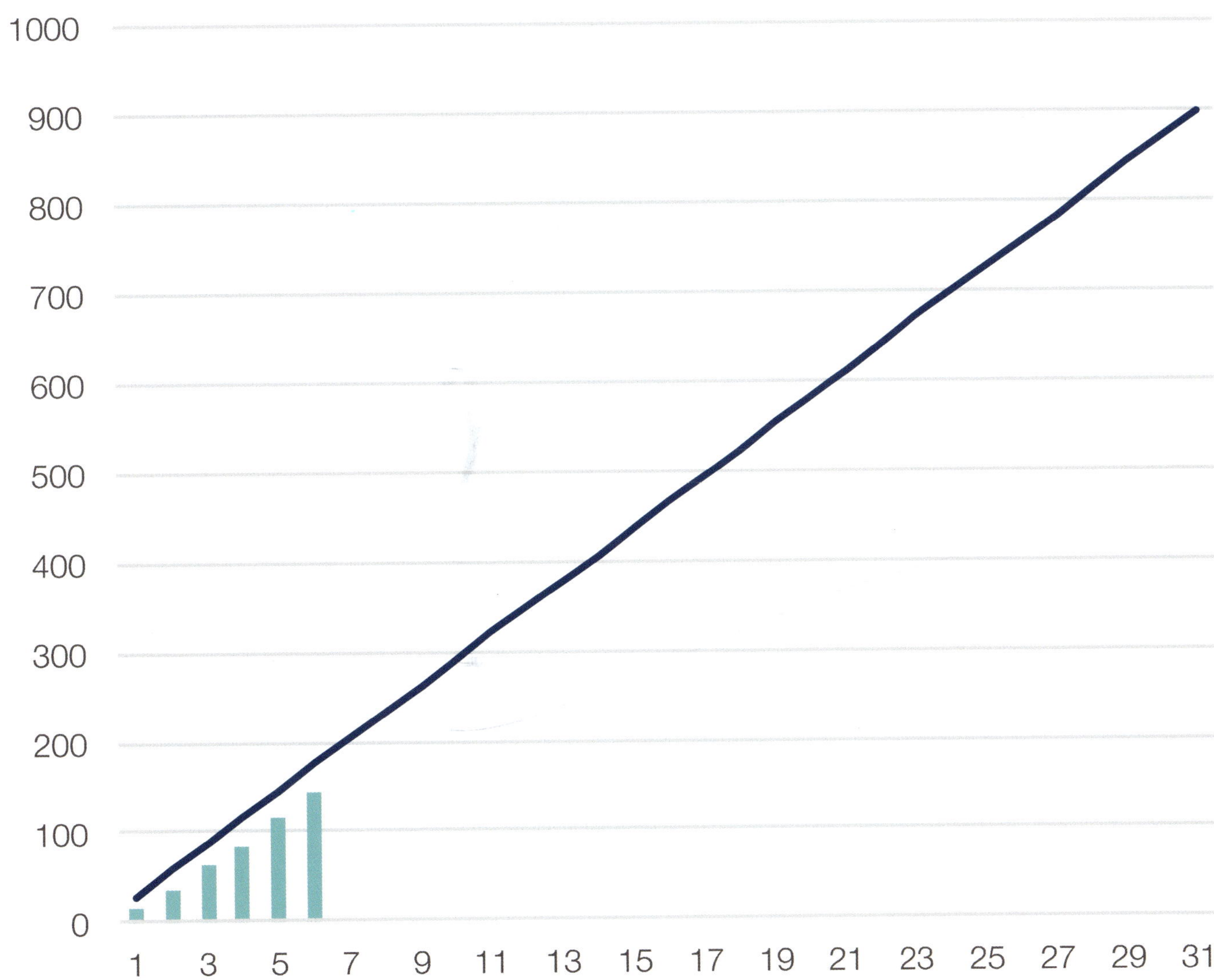

Theorie: Burnup Projektplanung

Ein wenig Mathematik für die komplizierte Schätzung

Rate of Change im Backlog

Ein anwachsendes Backlog stellt eher den Normalfall als die Ausnahme dar. Doch gerade hier kann Scrum seine Projektplanungsstärke ausspielen. In einem *normalen* Projekt stellen Change Requests für das Projektmanagement eine immense Herausforderung dar. Das ist insbesondere in Bereichen, in denen die ausführenden Gesellschaften aufgrund enormer Preiskämpfe in den Ausschreibungen nur noch ihren Gewinn durch Change Requests erzeugen können, nicht weiter verwunderlich. Die Elbphilharmonie oder der neue Hauptstadt-Flughafen BER sind die besten Beispiele dafür. Erst die massiven Change Requests haben die Bauten so exorbitant teuer gemacht. Um diesem Wachstum des Backlogs nicht hilflos ausgeliefert zu sein, wird das Wachstum in den Projektplan einfach explizit mit aufgenommen. In unserem Beispiel haben sich in nur sechs Sprints zusätzliche User Storys mit 18 Story Points angehäuft. Im Durchschnitt ist das Backlog daher pro Sprint um drei Story Points angewachsen. Zugegeben: Diese Berechnung geht davon aus, dass das Wachstum konstant bleibt. Sprechen Erfahrungen aus dem Alltag dafür, dass sich das Wachstum anders verteilt, kann dies aber auch entsprechend eingearbeitet werden.

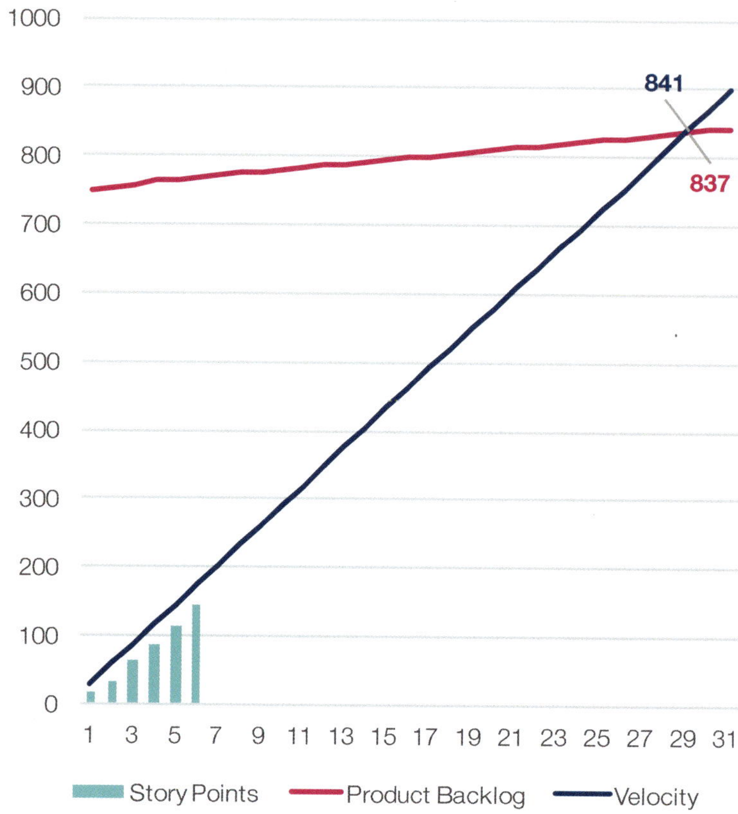

Schnittpunkt der Geraden

Wer es gerne mathematisch mag, sieht auf den ersten Blick, dass sich in unserer Grafik zwei einfache Formeln visualisieren. Das Product Backlog mit

$p(x) = 750 + 3x$

und die Velocity mit

$v(x) = 29x.$

Um das Ende des Projekts mathematisch zu berechnen, müssen wir die beiden Formeln gleichsetzen und nach x auflösen:

$750 + 3x = 29x$
$750 = 26x$
$x = 28{,}85$

Das heißt, nach 29 Sprints ist das Projekt beendet. Wem das zu mathematisch ist, darf einfach die Gerade in das Chart zeichnen und auf der X-Achse ablesen, wo wir ungefähr landen.

Voraussichtliche Dauer des Projekts

Analog zur vorherigen Übung müssen wir aber noch berücksichtigen, dass das Team Urlaub hat oder anderweitig abwesend sein wird. 29 Sprints entsprechen in unserem Beispiel 58 Wochen. Daher sollten wir 9 Wochen Abwesenheit zusätzlich mit einplanen. Damit kommen wir auf eine Gesamtdauer von 67 Wochen, von denen bereits 12 Wochen vergangen sind. Es bleiben also noch 55 Wochen bis zum geschätzten Projektende.

Quiz: Rollen in Scrum

Was machen Team, Product Owner und Scrum Master

In dem folgenden, kleinen Quiz sollst Du Aufgaben den einzelnen Scrum Rollen zuordnen. Eine Aufgabe kann dabei auch von mehreren Rollen durchgeführt werden. Der Quiz ist kein Test, sondern eine Hilfe für Dich, um zu erkennen, ob es noch offene Punkte gibt, die vertieft werden sollten.

Aufgabe	Scrum Master	Product Owner	Team
Schätzt das Product Backlog	☐	☐	☐
Nimmt am Sprint Planning teil	☐	☐	☐
Nimmt Update des Projekt Burnups vor	☐	☐	☐
Stellt sicher, dass die Scrum Regeln eingehalten werden	☐	☐	☐
Aktualisiert das Sprint Backlog, wenn Aufgaben erfüllt sind	☐	☐	☐
Stellt sicher, dass Hindernisse aus dem Weg geräumt werden	☐	☐	☐
Managt das Budget und den RoI	☐	☐	☐
Weist dem Team Aufgaben zu	☐	☐	☐
Nimmt die Ergebnisse des Sprints ab	☐	☐	☐
Muss am Daily Sprint teilnehmen	☐	☐	☐
Kommuniziert den Projektstatus an außenstehende Stakeholder	☐	☐	☐
Nimmt Update des Sprint Burndowns vor	☐	☐	☐
Schult das Unternehmen in Scrum	☐	☐	☐
Entscheidet, wie viel in einem Sprint gearbeitet wird	☐	☐	☐
Stellt sicher, dass jede User Story der Definition of Done entspricht	☐	☐	☐

Theorie: Rollen in Scrum

Was machen Team, Product Owner und Scrum Master

Schätzt das Product Backlog — ausschließlich das Team!

Anmerkung: Das Team verpflichtet sich am Anfang eines jeden Sprints, wie viele User Storys es schaffen möchte. Das ist nur dann möglich, wenn es den Aufwand selbst geschätzt hat. Natürlich kann es sich hierzu Experten-Meinungen von außen hinzuholen.

Nimmt am Sprint Planning teil — immer alle

Anmerkung: Das Sprint Planning gehört genauso wie der Review und die Retrospektive zu den zentralen Meetings, an dem alle Teammitglieder verpflichtend anwesend sein sollten. Der Scrum Master sollte hier auf keinen Fall fehlen, da er in der Regel die Moderation übernimmt. Der Product Owner stellt im ersten Teil seine priorisierten User Storys vor. Er kann also nicht fehlen.

Nimmt Update des Projekt Burnups vor — Product Owner ggf. auch durch Scrum Master

Aktualisiert das Sprint Backlog, wenn Aufgaben erfüllt sind — Team evtl. gemeinsam mit Scrum Master

Anmerkung: Das Sprint Backlog ist ein zentrales Instrument des Teams und sollte daher auch von ihm gepflegt werden. Um dem Scrum Master die Übersicht zu erleichtern, sollte er möglichst miteinbezogen werden.

Stellt sicher, dass Hindernisse aus dem Weg geräumt werden — Hauptaufgabe des Scrum Masters

Anmerkung: Der Scrum Master ist ein Facilitator und soll dem Team die Arbeit erleichtern. Daher zählt diese Aufgabe zu seinen wichtigsten überhaupt.

Managt das Budget und den RoI — Product Owners

Anmerkung: Diese Aufgabe ist eindeutig die des Product Owners. Wenn es keinen Vollzeit Product Owner gibt oder anderweitig vom Ideal abgewichen wird, kann der Scrum Master diese Aufgabe als Unterstützung für das Team übernehmen.

Weist dem Team Aufgaben zu — Niemand

Anmerkung: Streng genommen weist niemand dem Team Aufgaben zu. Teammitglieder nehmen sich selbst Aufgaben aus dem Sprint Backlog und bekommen sie nicht zugewiesen. Am ehesten wäre also das Kreuz bei *Team* richtig.

Nimmt die Ergebnisse des Sprints ab	eine der Hauptaufgaben des Product Owners
Muss am Daily Sprint teilnehmen	müssen tut das nur das Team, Scrum Master wäre gut, Product Owner optional
Kommuniziert den Projektstatus an außenstehende Stakeholder	Product Owner
Nimmt Update des Sprint Burndowns vor	Scrum Master, am besten gemeinsam mit Team z.B. nach dem Daily Scrum
Schult das Unternehmen in Scrum	Nebenaufgabe des Scrum Masters
Entscheidet wie viel in einem Sprint gearbeitet wird	nur das Team, sonst niemand!
Stellt sicher, dass jede User Story der Definition of Done entspricht	das Team

Teil 2

Lego® User Storys

Das erste Lego® Projekt

Ein Zoo für Bishorst

Die Ausgangslage

Stellen wir uns vor, es gäbe eine kleine Stadt in Norddeutschland, nennen wir sie Bishorst. Sie liegt nicht weit von Hamburg entfernt an der Elbe und hat ein beschauliches Stadtleben. Die Stadt hat eine kleine Hochschule, ein Einkaufszentrum, das - genauso wie der Golfklub im Norden der Stadt - dem Mäzen und Großgrundbesitzer Herbert Freiherr von Löwenstein gehört. Sie wird seit Jahrzehnten von August Obermann (CDU) regiert, der großen Wert auf die Bishorster Traditionen legt und stets bemüht ist, den Tourismus weiter zu fördern.

Herr von Löwenstein möchte seiner Frau Clothilde zu ihrem 60. Geburtstag eine ganz besondere Freude machen. Sie liebt Giraffen über alles und deswegen hat er sich überlegt, der kleinen Stadt einen Zoo zu bauen, damit sich seine Frau jeden Tag an den Giraffen erfreuen kann.

So ein Unterfangen benötigt natürlich fachliches Personal. Zum Glück kennt Herr Obermann den Leiter der Afrika-Abteilung des Hamburger Zoos, Herrn Dr. Henry Fauna. Dieser wittert in der Möglichkeit, einen neuen Zoo aufzubauen und Direktor des Zoos zu werden, seine große Chance und hat sofort seine Unterstützung zugesagt.

Dr. Fauna hat heimlich alle Konzepte des Hamburger Zoos kopiert und hat daher eine sehr genaue Vorstellung davon, wie der Zoo einmal aussehen soll. Aus diesen Vorgaben hat sein Assistent sogar schon User Storys vorbereitet und Ihr seid nun beauftragt, den Bau des Zoos mit einem agilen Ansatz umzusetzen.

Das Projekt

Insgesamt liegen Euch 22 User Storys vor, die allesamt mit Titel, Beschreibung (Wer, Was, Warum), Akzeptanzkriterien und Autor beschriftet sind. Zudem gibt es sechs Epics.

Ihr könnt diese Storys jederzeit ändern, aufteilen oder zusätzliche Akzeptanzkriterien aufschreiben. Wichtig ist nur, dass dies in Zusammenarbeit mit Eurem Product Owner geschieht.

Eure erste Aufgabe ist es, die Storys zu schätzen. Dazu verwendet Ihr das *Silent Estimation Game*, da eine Schätzung mit Planning Poker zu lange dauern würde. Anschließend bereitet Ihr ein Burnup Chart vor. Für dieses Projekt dürft Ihr davon ausgehen, dass keine zusätzlichen Items in das Product Backlog kommen. Ihr könnt die Linie für das Product Backlog bereits in das Burnup Chart eintragen.

Euer Product Owner sollte jetzt die User Storys priorisieren und in ein Backlog übertragen. Danach kann es losgehen.

Für die Sprints gibt es folgende Time Boxes:

- Sprint Planning: 3 Minuten
- Sprint Arbeitszeit: 10 Minuten
- Sprint Review: 2 Minuten
- Sprint Retrospektive: 3 Minuten

Viel Spaß und Erfolg beim Bau des Zoos.

Priorität

Zoo
Bishorst

Schätzung

Wer

Was

Warum

Kriterien

Autor

Priorität

Afrikanische Abteilung
Tier-Ausstellungen

Schätzung

Wer

Was

Warum

Kriterien

Autor

Priorität

Elefantenbullen
Afrikanische Abteilung

Schätzung

Wer *Ich, als Zoo-Direktor, benötige...*

Was *...einen Elefantenbullen im Zoo, damit...*

Warum *...wir an dem internationalen Zuchtprogramm teilnehmen können und Fördermittel erhalten.*

Kriterien *Ein ausgewachsener, geschlechtsreifer Elefantenbulle ist etwas größer als Elefantendamen. Er hat große, dunkle Ohren, zwei Stoßzähne und möchte am liebsten den ganzen Tag nur frische Zweige fressen.*

Autor *Dr. Henry Fauna*

Elefanten mit Vogel

Priorität

Elefanten

Afrikanische Abteilung

Schätzung

Wer Ich, als Zoo-Direktor, benötige...

Was ...Elefantendamen im Zoo, damit...

Warum ...wir an dem internationalen Zuchtprogramm teilnehmen können und Fördermittel erhalten.

Kriterien Die zwei Elefantendamen sind etwas kleiner als der Bulle, haben hellgraue Ohren und ebenfalls Stoßzähne. Auf ihrem Rücken sitzen immer kleine, bunte Vögel.

Autor Dr. Henry Fauna

Giraffen-Familie

Priorität

Giraffen-Familie

Afrikanische Abteilung

Schätzung

Wer Als Eigentümer der Zoos möchte ich...

Was ...eine Giraffen-Familie im Zoo, weil...

Warum ...es die Lieblingstiere meiner Frau sind.

Kriterien Die Familie besteht aus einer Baby-Giraffe und Mama- & Papa-Giraffe, die man nicht von einander unterscheiden kann. Beide sind nur gelb-braun. Die Baby-Giraffe ist zudem etwas orange und hellbraun.

Autor Herbert Freiherr von Löwenstein

Löwe

Priorität

Löwe

Afrikanische Abteilung

Schätzung

Wer Ich, als Zoo-Direktor, benötige...

Was ...einen Löwen im Zoo, weil...

Warum ...ein Zoo ohne Löwe kein Zoo wäre und wir tolle Fütterungen mit dem Löwen machen können.

Kriterien Der Löwe hat ein gelbes Fell, große, weiße Zähne, eine schwarze Nase, eine imposante Mähne und einen Schwanz. Er ist nicht besonders groß, weil Löwen in Gefangenschaft nicht so gut wachsen.

Autor Dr. Henry Fauna

Priorität

Amphibien und Reptilien Abt.

Tier-Ausstellungen

Schätzung

Wer

Was

Warum

Kriterien

Autor

Priorität

Chamäleon

Amphibien und Reptilien Abteilung

Schätzung

Wer *Die Klasse 9b der Realschule wünscht sich...*

Was *...ein Chamäleon im Zoo, weil's...*

Warum *...einfach cool ist, wenn man seine Farbe verändern kann.*

Kriterien *Das Lieblingschamäleon der 9b hat eine grüne Grundfarbe, einen bunten Rücken in allen Farben und herausragende, hellgrüne Augen. Mit seinen Füßen kann es selbst Wände hinauf laufen.*

Autor *Die Klasse 9b*

Priorität

Frosch

Amphibien und Reptilien Abteilung

Schätzung

Wer *Die Universität wünscht sich...*

Was *...einen Frosch im Zoo, weil...*

Warum *...Amphibien und Reptilien zum Forschungsgebiet der Universität gehören.*

Kriterien *Der Frosch ist ein kleines, grünes Tier, mit kräftigen Hinterschenkeln, das die meiste Zeit nur ruhig rumhockt.*

Autor *Prof. Dr. Dr. Regina Repam*

Priorität

Schätzung

Krokodil-Jungs

Amphibien und Reptilien Abteilung

Wer Die Universität wünscht sich...

Was ...männliche Krokodile im Zoo, weil...

Warum ...Amphibien und Reptilien zum Forschungsgebiet der Universität gehören.

Kriterien Die zwei männlichen Krokodile haben eine grüne Haut und einen langen Knickschwanz. Sie haben besonders spitze, weiße Zähne und dunkle, kleine Augen.

Autor Prof. Dr. Dr. Regina Repam

Priorität

Schätzung

Lady Krokodil

Amphibien und Reptilien Abteilung

Wer Die Universität wünscht sich...

Was ...ein weibliches Krokodil im Zoo, weil...

Warum ...Amphibien und Reptilien zum Forschungsgebiet der Universität gehören.

Kriterien Das weibliche Krokodil hat einen grünen Schuppen-Panzer mit auffällig dunkelgrünen Schuppen auf dem Rücken. Es hat besonders weiße, große Zähne und große Augen.

Autor Prof. Dr. Dr. Regina Repam

Priorität

Schätzung

Asiatische Abteilung

Tier-Ausstellungen

Wer

Was

Warum

Kriterien

Autor

Priorität

Affe

Asiatische Abteilung

Schätzung

Wer *Ich, als Zoo-Direktor, möchte...*

Was *...einen Affen in unserer Asien-Abteilung, damit...*

Warum *...ich blöde Sprüche über meine Mitarbeiter machen kann.*

Kriterien *Der Affe hat ein braun-beiges Fell und einen langen, hellbraunen Schwanz. Er schleppt ständig Zeug mit sich herum.*

Autor *Dr. Henry Fauna*

Priorität

Tiger mit Fleisch

Asiatische Abteilung

Schätzung

Wer *Ich, als Zoo-Direktor, möchte...*

Was *...einen Tiger in unserer Asien-Abteilung, weil...*

Warum *...er zu den Hauptattraktionen für Besucher gehört und wir so einen Beitrag zum Artenschutz leisten.*

Kriterien *Der Tiger hat ein orange-schwarzes Fell und einen gelben Bauch. Zudem hat er schneeweiße Schnurrhaare, einen Schwanz und schaut meist grimmig drein. Auf jeden Fall braucht er immer ein Stück Fleisch.*

Autor *Dr. Henry Fauna*

Priorität

Heimische Abteilung

Tier-Ausstellungen

Schätzung

Wer

Was

Warum

Kriterien

Autor

Schaf mit Blume

Priorität

Schaf

Heimische Abteilung

Schätzung

Wer Ich, als Kindergartenkind, möchte...

Was ..ein Schaf im Zoo,...

Warum ...das ich streicheln kann und das mir aus der Hand frisst, ohne dass ich Angst haben muss.

Kriterien Das kleine Schaf hat ein weißes Fell. Der Kopf inklusive der Ohren und Beine sind schwarz. Es ist sehr zutraulich und schläft viel. Am wohlsten fühlt es sich, wenn Blumen in der Nähe sind.

Autor Emma

Storch

Priorität

Storch

Heimische Abteilung

Schätzung

Wer Ich, als Biologie-Lehrerin, hätte gerne...

Was ...einen Storch im Zoo, um...

Warum ...den Kindern Zugvögel aus nächster Nähe zu erklären.

Kriterien Der Ciconiidae Agiliae hat einen lila Schnabel. Er benötigt eine Feuchtwiese mit dichter Bepflanzung, damit er genügend Nahrung findet. Er hat lange, schwarze Beine, ein weißes Gefieder und eine rote Haube.

Autor Laisa Reis-Töttelbach

Weiderind mit Heu

Priorität

Weiderind

Heimische Abteilung

Schätzung

Wer Ich, als Bürgermeister, möchte...

Was ...Weiderinder im Zoo, weil...

Warum ...das dazu führt, dass endich wieder mehr junge Leute Landwirte werden wollen.

Kriterien Das Weiderind hat ein braunes, scheckiges Fell. Auf dem Kopf hat es zwei kleine, schwarze Hörner. Die weiblichen Rinder haben vier rosa Zitzen an ihrem Euter. Außerdem brauchen sie viel Blütenheu als Nahrung.

Autor August Obermann (Bürgermeister/CDU)

Meeressäuger Abteilung

Priorität

Meeressäuger Abteilung
Tier-Ausstellungen

Schätzung

Wer

Was

Warum

Kriterien

Autor

Delphin

Priorität

Delphin
Meeressäuger Abteilung

Schätzung

Wer *Ich, als Zoo-Direktor, möchte...*

Was *...einen Delphin bei den Meeressäugern, weil...*

Warum *...er zu den Hauptattraktionen für Besucher gehört und viele Kinder anzieht.*

Kriterien *Die Delphine im Zoo haben eine blaue Haut mit einigen Schattierungen und einen weißen Streifen am Kinn. Sie blasen ständig eine Wasserfontäne durch ihr Atemloch und sind sehr zutraulich.*

Autor *Dr. Henry Fauna*

Seekuh

Priorität

Seekuh
Meeressäuger Abteilung

Schätzung

Wer *Miguel aus Venezuela wünscht sich...*

Was *...eine Seekuh im Zoo, weil...*

Warum *...er Heimweh nach seinen Stränden hat und die Manatis vom Aussterben bedroht sind.*

Kriterien *Karibik-Manatis haben einen kleinen Rüssel wie ein Elefant. Ihre Haut ist hell- bis dunkelblau. Sie haben eine lange Schwanzflosse und zwei starke Vorderflossen, mit denen sie sich abstützen können.*

Autor *Miguel Mantara*

Übersee Abteilung

Priorität

Übersee Abteilung
Tier-Ausstellungen

Schätzung

Wer

Was

Warum

Kriterien

Autor

Känguru

Priorität

Känguru
Übersee Abteilung

Schätzung

Wer *Ich, als Psychologin, möchte...*

Was *...ein Känguru mit Baby im Beutel, weil...*

Warum *...ich meinen Patienten so am besten Bindungsverhalten zwischen Mutter und Kind erklären kann.*

Kriterien *Das Känguru hat ein braun-beiges Fell, sehr kräftige Hinterläufe, mit denen es springen kann, einen Beutel, in dem der Nachwuchs die meiste Zeit schläft, und einen langen Schwanz.*

Autor *Erika Meyer-Schulz*

Murmeltier

Priorität

Murmeltier
Übersee Abteilung

Schätzung

Wer *Ich, als Botschafter der USA, möchte...*

Was *...ein amerikanisches Murmeltier im Zoo, weil...*

Warum *...sie einfach great sind und Teile unserer überragenden, amerikanischen Tradition verkörpern.*

Kriterien *Das Murmeltier hat Nagezähne, rote Ohren, ein braunes Fell, schwarze Vorderpfoten und hellbraune Hinterpfoten. Es steht besonders gerne aufrecht und schaut, wer da so kommt.*

Autor *Ronald T. Doe*

Kassenhaus

Priorität

Kassenhaus

Generelle Ausstattung

Schätzung

Wer *Als Eigentümer der Zoos möchte ich...*

Was *...ein Kassenhaus am Zoo-Eingang, weil...*

Warum *...sich meine Investitionen auch lohnen müssen und sonst alle umsonst rein kämen.*

Kriterien *Das Kassenhaus hat zwei Schalter, einen großen Torbogen, auf dem in riesigen, blauen Lettern das Wort „Zoo" steht. Rechts und links davon zieren Blumen den Schriftzug.*

Autor *Herbert Freiherr von Löwenstein*

Botanik

Priorität

Botanik

Generelle Ausstattung

Schätzung

Wer *Wir Tierpfleger wünschen uns...*

Was *...exotische Blumen, weil...*

Warum *...die zur Abwechslung mal keine so große Arbeit machen.*

Kriterien *Die zwei Blumen sind lila und rosa. Die größere, lilafarbene kann ihre Blüte schließen und hat einen dunkelgrünen Stängel. Die kleinere von beiden hat einen hellgrünen Stängel.*

Autor *Patrick (für das gesamte Tierpfleger-Team)*

Fuhrpark

Priorität

Fuhrpark

Generelle Ausstattung

Schätzung

Wer *Wir Tierpfleger benötigen...*

Was *...geländegängige Fahrzeuge, um...*

Warum *...unsere Tiere zu versorgen und auch im Gehege arbeiten zu können.*

Kriterien *Wir benötigen 2 Fahrzeuge, die möglichst robust und hochgelegt sind. Sie brauchen eine kräftige Maschine und möglichst viel Ladefläche im Kofferraum und auf dem Dach.*

Autor *Patrick (für das gesamte Tierpfleger-Team)*

Priorität

Traktor

Generelle Ausstattung

Schätzung

Wer Wir Tierpfleger benötigen...

Was ...einen kräftigen Traktor, damit...

Warum ...wir das Futter nicht mehr so viel schleppen müssen und eigenes Heu ernten können.

Kriterien Der Traktor ist rot. Er braucht eine moderne, verglaste Fahrerkabine. Die Bereifung muss groß genug sein, damit wir auch auf den Löwenfelsen kommen. Für den Anfang benötigen wir am Heck einen Grubber.

Autor Patrick (für das gesamte Tierpfleger-Team)

Priorität

Mini-Zug

Generelle Ausstattung

Schätzung

Wer Der Naturschutzbund verlangt...

Was ...einen Mini-Zug für die Zoo-Gäste, damit...

Warum ...die Besucher die Tiere nicht so stören und der Abstand zu den Tieren gewahrt wird.

Kriterien Der Mini-Zug besteht aus einer Lokomotive und einem geschlossenen Waggon für die Besucher. Die Lackierung des Zuges ist blau und soll beruhigend auf die Tiere wirken.

Autor NaBu Geschäftsstelle Zoos und Tierparks

Nachlese zum Zoo

Ein paar Fragen und alternative Vorgehensweisen

Fehlende Epics & User Storys

Bestimmt seid Ihr bei der Schätzung der User Storys über den fehlenden Epic *Zoo-Ausstattung* gestolpert. Der Fuhrpark oder das Kassenhäuschen lassen sich nicht einer der Tier-Abteilungen zuordnen. Gibt es aus Eurer Sicht noch weitere Epics, die im Zoo Projekt fehlen?

Aber auch an einigen User Storys hat es gefehlt. Was fällt Euch als Erstes dazu ein? Wie sieht es zum Beispiel mit sanitären Anlagen aus?

Story Mapping

Das Zoo Projekt war klassisch hierarchisch aufgebaut (Projektziel, Epics, User Storys). Die User Storys waren zudem eine lose Sammlung an Anforderungen, die zusammengetragen wurden und in Epics zusammengefasst wurden.
Im Training haben wir mit dem Story Mapping ein alternatives Vorgehen kennengelernt, mit dem sich ein besserer Überblick über das Projekt behalten lässt. Wir wollen das Zoo Projekt daher noch einmal von vorne planen und dieses Mal das Story Mapping verwenden.

Als Erstes geht es um die User bzw. User Gruppen. Bitte überlegt Euch, welche User Gruppen existieren und sortiert sie nach Priorität. Teilt dabei bitte alle User aus den bestehenden User Storys einer Gruppe zu. Im Anschluss sollen noch zwei alternative Einteilungen vorgenommen werden. Wie könnte man die User Storys auch trennen, wenn man nicht die Menschen als User betrachtet?

Wenn die User Gruppen definiert sind, müssen die jeweils zugehörigen Needs der Gruppen definiert werden. Bitte gebt für jede Gruppe mindestens zwei Needs an. Wenn die Needs bereits bei einer vorherigen User Gruppe auftauchen, sollten diese weggelassen werden.

Jetzt können die Lösungen für die User Needs zu User Storys entwickelt bzw. zugeordnet werden.

Das Vorgehen hat den Vorteil, dass von Anfang an die User systematisch im Mittelpunkt stehen und priorisiert werden. Dadurch können wir wesentlich einfacher Segmentierungs-Methoden wie *Personas* einsetzen und die User Gruppen können gezielt zu ihren Bedürfnissen angesprochen werden.

Zum Abschluss soll ein *Minimum Viable Product (MVP)* definiert werden. Dazu werden die User Storys so sortiert, dass in der ersten Zeile unter den User Needs nur die Storys stehen, die für ein erstes verwertbares Produkt notwendig sind. Übertragen auf den Zoo heißt das: Welche Tiere und was für eine Zoo-Ausstattung wäre notwendig, um den Zoo zu eröffnen?

Das zweite Lego® Projekt

Silicon Village for Germany

Die Ausgangslage

Die Bundesregierung hat beschlossen, die Start Up Kultur in Deutschland stärker zu fördern, und will den gründungswilligen Menschen dafür ein Dorf bauen, in dem sie die perfekten Arbeitsbedingungen vorfinden, sich austauschen können und Inkubatoren und Investoren schnell mit den Start Ups in Kontakt kommen. Ausgewählt wurde dazu ein fast verlassenes Dorf in der Nähe von Berlin, das nun von Euch neu erschlossen und gebaut werden soll.

User Storys

Anders als beim Zoo liegen Euch hier keine User Storys vor. Wenn Ihr eine fertige User Story habt, könnt Ihr allerdings ein Ingenieursbüro und einen Architekten beauftragen, Euch einen Lego® Bauplan zu entwickeln. Wenn Eure User Storys der Spezialisierung des Dienstleisters entsprechen, liefern sie Euch ein schönes Bild als Bauplan (vergleichbar zu den Story Cards des Zoos). Ihr könnt diese Dienstleister nur zu Beginn eines Sprints beauftragen und es ist an Euch, mit ihnen die Lieferkonditionen zu verhandeln. Natürlich müsst Ihr die Dienstleister nicht nutzen und könnt auch selbst Baupläne oder Skizzen erstellen.

Potemkinsches Dorf

Um das Projekt zeitlich im Rahmen zu halten, dürft Ihr statt der vollständigen Gebäude nur Fassaden bauen. Fahrzeuge müssen jedoch funktionsfähig sein (ein Auto sollte also vier Räder haben). Vom Maßstab her solltet Ihr wesentlich kleiner arbeiten als beim Zoo.

Vorgehen Story Mapping

In diesem Projekt verwenden wir von Anfang an das Story Mapping Verfahren. Das heißt, Ihr müsste Euch als Erstes die User Gruppen überlegen. Bitte definiert *genau drei* User Gruppen für dieses Projekt und priorisiert sie. Ihr habt dafür ca. 5 Minuten Zeit.

Im Anschluss müssen die User Needs definiert werden. An dieser Stelle noch einmal der Hinweis: Bitte nicht in Lösungen denken, sondern in Bedürfnissen. Also *Schlafen* anstatt *Haus/Wohnung*. Hierfür habt Ihr ca. 10 Minuten Zeit.

Wenn User Groups und Needs definiert sind, könnt Ihr Euch daran machen, Lösungen zu konzipieren. Hier geht es noch nicht darum, fertige User Storys zu entwerfen, sondern Lösungskonzepte bzw. Features. Für diese kreative Aufgabe habt Ihr maximal 15 Minuten Zeit. Es macht Sinn, sich dafür in kleine Gruppen aufzuteilen.

Wenn Ihr alle Lösungskonzepte zusammengetragen habt, könnt Ihr nun einen MVP entwickeln. Welche Lösungen müssen umgesetzt sein, damit das Dorf seinen Betrieb aufnehmen kann? Zeit hierfür: 10 Minuten.

Zum Abschluss führen wir noch ein echtes Backlog Refinement durch. Alle Elemente des MVPs sollten danach in Form von User Storys vorliegen inkl. Akzeptanzkriterien. Zeit hierfür ebenfalls 10 Minuten.

Herzlichen Glückwunsch! Wenn Ihr es bis hier geschafft habt, könnt Ihr endlich mit dem ersten Sprint loslegen.

Zeitvorgaben für die Sprints

Für die Sprints gibt es folgende Time Boxes:

- Sprint Planning: 3 Minuten
- Sprint Arbeitszeit: 10 Minuten
- Sprint Review: 2 Minuten
- Sprint Retrospektive: 3 Minuten

Viel Spaß mit dem Silicon Village.

Priorität

Gebäude 1

Schätzung

Wer

Was

Warum

Kriterien

Autor

Priorität

Gebäude 2

Schätzung

Wer

Was

Warum

Kriterien

Autor

Priorität

Gebäude 3

Schätzung

Wer

Was

Warum

Kriterien

Autor

Gebäude 4

Priorität

Gebäude 4

Schätzung

Wer

Was

Warum

Kriterien

Autor

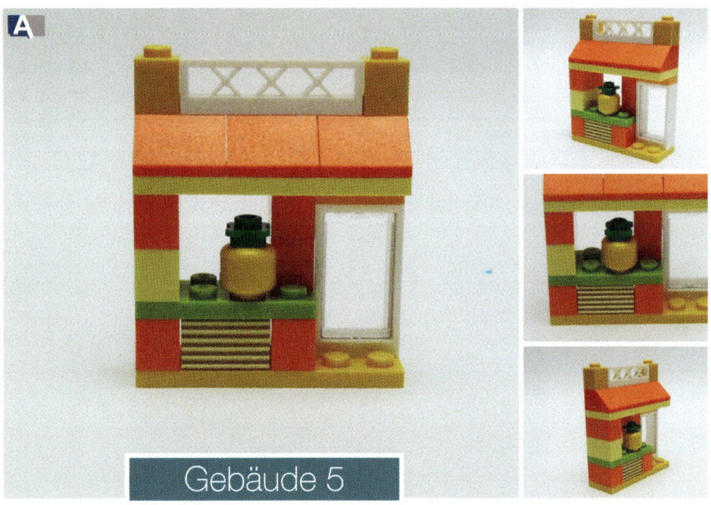

Gebäude 5

Priorität

Gebäude 5

Schätzung

Wer

Was

Warum

Kriterien

Autor

Auto

Priorität

Auto

Mobilität

Schätzung

Wer

Was

Warum

Kriterien

Autor

Sportwagen

Priorität

Sportwagen

Mobilität

Schätzung

Wer

Was

Warum

Kriterien

Autor

Bus

Priorität

Bus

Mobilität

Schätzung

Wer

Was

Warum

Kriterien

Autor

Tankstelle

Priorität

Tankstelle

Mobilität

Schätzung

Wer

Was

Warum

Kriterien

Autor

Flugzeug

Priorität

Flugzeug

Mobilität

Schätzung

Wer

Was

Warum

Kriterien

Autor

Privat-Flugzeug

Priorität

Privat-Flugzeug

Mobilität

Schätzung

Wer

Was

Warum

Kriterien

Autor

Eisenbahn

Priorität

Eisenbahn

Mobilität

Schätzung

Wer

Was

Warum

Kriterien

Autor

Priorität

Hafen

Mobilität

Schätzung

Wer

Was

Warum

Kriterien

Autor

Priorität

Entertainment

Freizeit

Schätzung

Wer

Was

Warum

Kriterien

Autor

Priorität

Park

Freizeit

Schätzung

Wer

Was

Warum

Kriterien

Autor

Priorität

Feuerwehr
Infrastruktur

Schätzung

Wer

Was

Warum

Kriterien

Autor

Priorität

Polizei
Infrastruktur

Schätzung

Wer

Was

Warum

Kriterien

Autor

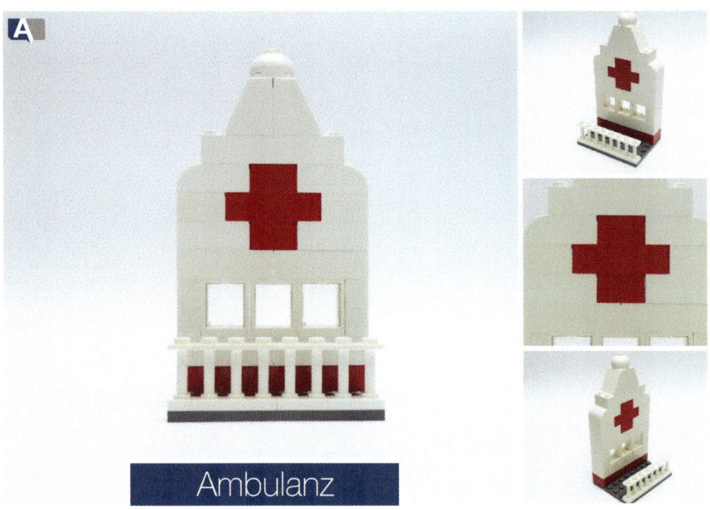

Priorität

Ambulanz
Infrastruktur

Schätzung

Wer

Was

Warum

Kriterien

Autor

Prioritát

Füllfederhalter

Deals

Schätzung

Wer

Was

Warum

Kriterien

Autor

Teil 3

Abschluss

Meine Scrum Erlebnisse

Ein persönlicher Rückblick auf das Training

Drei Aha-Momente

Welche drei bereichernde Erkenntnisse nehme ich aus diesem Training mit?

Drei Fragen für die Zukunft

Welche drei Fragen möchte ich mir regelmäßig stellen, wenn ich agil arbeite?

Mein Team für Rückfragen

Eine kleine Erinnerung, mit wem Du trainiert hast

Quellen und Literatur

Wenn es noch ein wenig mehr sein darf...

Quellenangaben

Dieses Arbeitsheft wäre ohne einige Quellen nicht möglich gewesen. Daher sind auf den folgenden zwei Seiten die wichtigsten Quellen aufgeführt. Gleichzeitig sollen die Seiten aber auch einen Überblick verschaffen, an welchen Stellen Du Dein Wissen noch ein wenig vertiefen kannst. Die Auswahl stellt nur einen winzigen Ausschnitt aus der Scrum Welt dar. Es gibt zahllose gute Bücher, Kurse und Videos, die Dich tiefer in die Welt von Scrum und in die agilen Arbeitsmethoden hineinführen können. Ich würde mich freuen, wenn dieses Training ein erster Schritt in diese spannende Welt gewesen ist und Du Dich dafür begeistern kannst.

Grundlegendes

Die Grundlagen zu Scrum sind in einem Werk der beiden geistigen Väter von Scrum - *Jeff Sutherland* und *Ken Schwaber* - zusammengefasst, das regelmäßig aktualisiert wird und kostenlos zur Verfügung steht: der *Scrum Guide*. www.scrumguides.org

Alternativ zu der Zusammenfassung ist das Buch von *Jeff Sutherland* sehr empfehlenswert: *Scrum: The Art of Doing Twice the Work in Half the Time*. Erhältlich als Taschenbuch, gebundenes Buch, Kindle-Ausgabe und Hörbuch. Sutherland erzählt sehr amerikanisch von seinen Erfahrungen und den Hintergründen, wie er Scrum entwickelt hat. Das Buch ist insbesondere deswegen sehr lesenswert, weil Sutherland zahlreiche Beispiele ausführt, in denen Scrum im Non-IT Bereich zum Einsatz kommt. Sei es im Unterricht an holländischen Schulen oder als Koordination von Handwerkern auf einer Baustelle.
ISBN: 978-1847941107 / 256 Seiten / 9,49 € (Stand Juni 2017, amazon.de)

Ebenfalls grundlegende Gedanken zum agilen Arbeiten bietet das *Manifest für Agile Softwareentwicklung*. Wie der Name allerdings schon zum Ausdruck bringt, konzentriert sich das Manifest vor allem auf die Softwareentwicklung und taucht daher nicht explizit im Training auf. Mit ein klein wenig Transferleistung lassen sich jedoch die Werte des Manifestes auch auf jedes andere Projekt übertragen. www.agilemanifesto.org

Wie bereits im Kapitel Kaizen/Continuous Improvement erläutert, hat Scrum sich einige Bestandteile bei den Produktentwicklungssystemen der Japaner abgeschaut. Ein grundlegender Artikel dazu ist im Januar 1986 im *Harvard Business Review* unter dem Titel *The New New Product Development Game* erschienen. Die beiden Autoren des Artikels sind *Hirotaka Takeuchi* und *Ikujiro Nonaka*. Der Artikel ist ein guter Einblick in den Hintergrund von Scrum und seiner Entstehung.
https://hbr.org/1986/01/the-new-new-product-development-game

Ein Buch, das ich sehr schätze, da es so schön handlich ist, heißt: *Agiles Projektmanagement: Scrum, Use Cases, Task Boards & Co.* Wie viele andere Bücher vom Haufe TaschenGuide Verlag passt es in jede Jacken- oder Handtasche. Gleichzeitig sind die wichtigsten Punkte von Scrum sehr pointiert erklärt. Es fehlen allerdings vor allem praxisbezogene Tipps und ein echter Bezug zu Non-IT Themen.
ISBN: 978-3648065174 / 240 Seiten / 9,95 € Taschenbuch, 3,99 € Kindle (Stand Juni 2017, amazon.de)

Vertiefungen

Eines der wichtigsten Bücher für Teams, Scrum Master und Product Owner ist in jedem Fall *Scrum in der Praxis: Erfahrungen, Problemfelder und Erfolgsfaktoren.* Ja, das Buch ist für Software-Entwickler geschrieben, aber es gibt im deutschsprachigen Bereich einfach kein Buch, das praxisorientierter ist und mit so guten Lösungen für all die Stolpersteine aufwarten kann, die eine neue Projektarbeitsmethode wie Scrum mit sich bringen kann. Sehr gut investierte rund 30 € für jeden, der operativ mit Scrum zu tun hat oder haben wird. Must have.
ISBN: 978-3864902581 / 368 Seiten / 36,90 € gebunden, 29,99 € Kindle (Stand Juni 2017, amazon.de)

Wenn Du meinst, dass Du das Konzept von User Storys verstanden hast, dann ist es an der Zeit, dass Du Dich ernsthaft und intensiv mit dem Thema Story Mapping auseinandersetzt. Dazu gibt es mehrere Wege. Ich empfehle ganz klar den Vortrag von *Jeff Patton*, der - zumindest als dieses Buch gedruckt wurde - frei verfügbar war. Sehr gut investierte zwei Stunden Deiner Zeit. Die Folien zu dem Vortrag gibt es sogar bei SlideShare kostenlos zum Nachlesen (http://jpattonassociates.com/storymappingslides/).
https://www.youtube.com/watch?v=AorAgSrHjKM

Wer lieber ein Buch in der Hand hält, dem sei das Buch von *Jeff Patton* empfohlen. Das gibt es sogar auf Deutsch und ist - klassisch amerikanisch - mit zahlreichen Anekdoten gespickt, die einem das Lesen und Verstehen vereinfachen sollen. *User Story Mapping- Nutzerbedürfnisse besser verstehen als Schlüssel für erfolgreiche Produkte.*
ISBN: 978-3958750678 / 336 Seiten / 34,90 € gebunden, 27,99 € Kindle (Stand Juni 2017, amazon.de)

Trainingsmethoden

Das Name Game in der im Training verwendeten Form stammt von *Henrik Kniberg*. Henrik ist ein echter Pionier im agilen Arbeiten und engagiert sich neben dem Thema Agile und Lean vor allem für ein gemeinsames Verständnis des Klimawandels.
https://www.crisp.se/gratis-material-och-guider/multitasking-name-game

Die Idee vom Lego® Zoo sowie zahlreiche weitere Punkte im Training stammen aus dem Konzept von *Karen Greaves* und *Samantha Laing* aus Südafrika bzw. ihrem Buch *Growing Agile: A Coach's Guide to Training Scrum*. Besonders der Part zur Stacey Matrix ist von ihrem Blog geprägt (https://www.growingagile.co.za/2013/12/the-stacey-matrix-revisited/).
https://leanpub.com/TrainingScrum / eBook auf leanpub.com / ab 25,00 $

Die Idee des Start Up Village stammt von *Alexey Krivitsky*. Er kämpft an vorderster Front für mehr Spaß in Trainings mit Lego®. In seinem Buch *lego4scrum 3.0* erklärt er alles, was dazu nötig ist. Die neue Auflage enthält auch das Thema Story Mapping.
https://leanpub.com/lego4scrum / eBook auf leanpub.com / ab 10,90 $

Abschließend noch ein Dank an die oose Innovative Informatik eG in Hamburg, insbesondere Andrea Grass. Ohne ihre Kritik, Denkanstöße und Tipps wäre das Training ein anderes.

40497475R00037

Printed in Poland
by Amazon Fulfillment
Poland Sp. z o.o., Wrocław